国家出版基金项目
NATIONAL PUBLICATION FOUNDATION

总主编：张文京　向友余
总主审：许家成

融合教育与教学支持

主　编　张文京
副主编　蔡明尚　曹照琪

重庆大学出版社

图书在版编目（CIP）数据

融合教育与教学支持 / 张文京主编. --重庆：
重庆大学出版社，2020.11（2024.1重印）
（特殊儿童教育康复指导丛书）
ISBN 978-7-5689-2404-7

Ⅰ.①融⋯　Ⅱ.①张⋯　Ⅲ.①儿童教育—特殊教育—
教育康复—研究　Ⅳ.①G764

中国版本图书馆CIP数据核字（2020）第215237号

融合教育与教学支持
主　编　张文京
副主编　蔡明尚　曹照琪
责任编辑：陈　曦　　版式设计：陈　曦
责任校对：谢　芳　　责任印制：张　策

*

重庆大学出版社出版发行
出版人：陈晓阳
社址：重庆市沙坪坝区大学城西路21号
邮编：401331
电话：（023）88617190　88617185（中小学）
传真：（023）88617186　88617166
网址：http://www.cqup.com.cn
邮箱：fxk@cqup.com.cn（营销中心）
全国新华书店经销
重庆亘鑫印务有限公司印刷

*

开本：787mm×1092mm　1/16　印张：11.25　字数：198千
2020年11月第1版　2024年1月第5次印刷
ISBN 978-7-5689-2404-7　定价：68.00元

总序

"特殊儿童教育康复指导丛书"是为特殊儿童的家长和一线特教老师打造的入门级的实践性图书,既有一线特殊教育老师需要的特殊教育的知识,又有康复训练的技术。

丛书结构

"特殊儿童教育康复指导丛书"秉持教育和康复相结合的理念,分为两种类型:其中一种从特殊教育分类出发,介绍不同障碍类别儿童的教育与康复;另外一种从康复技巧出发,介绍核心课程、心理咨询、辅助技术对特殊儿童的作用。两相结合,让使用者能够更好地理解和运用教育康复理念。

每本书内容基本上分为理论篇、教师篇和家长篇。理论篇力求科学、实用、易懂,便于教师和家长了解相关理论基础;教师篇侧重在学校环境下对学生的教学和康复指导;家长篇侧重在家庭环境下主动巩固和维护好学生能力。介绍的相关基础理论,是为了针对教师和家长,在不同环境下,分别设计契合各自特点的活动方案。

丛书特色

"特殊儿童教育康复指导丛书"不仅强调技术层面的操作性,而且会提供资源支持,比如同质家庭交流平台、互助的团体、可以提供帮助的机构,以及各种有效的在线资源,并不断更新。鼓励家长先接受孩子的特殊性,接受积极的观念,然后找到可以交流和依靠的平台,寻求有效的教育康复。从精神层面讲,这样的支持对特殊儿童的家庭更加重要。

丛书意义

1. 提升教师的专业素养

丛书在介绍特殊教育基础知识的同时,融入了康复的理念和方法。特教老师不仅能了解特殊教育领域的知识和技能,还能广泛了解和学习相关的康复领域知识和技能,并且能够让他们学会两者的结合与运用,在有效提高特殊儿童学习质量的同时,也提升自己的专业素养。

2. 帮助家长真正参与到特殊儿童的康复生活中

通过一定的指导性阅读，丛书能够帮助特殊儿童的家长拥有正确的教育康复态度和知识能力，使其能够配合学校开展较为有效的教育康复家庭活动，建立起家庭与学校、家长与康复人员之间的支持与合作关系。

3. 指引教师跨学科交流、多团队合作，促进教育康复专业建设

本丛书除了在实践层面给予一线教师和学校指导，其理念还倡导跨学科的交流，以及多团队合作。教育康复本身就需要多学科跨专业团队共同合作才能完成工作任务，其合作贯穿所有工作。与特殊教育联系紧密的专业领域有医学、心理咨询、科技辅具，以及康复中的语言治疗、动作治疗、作业治疗、艺术治疗等的融入，使特殊教育直接受益，也能促进教育康复专业的建设。

4. 本项目在传统出版的基础上，为数字出版做好铺垫

特殊教育因为其个别化教学的特点，对于教学方法、教学资源都有着灵活和多样化的要求，通过在线平台和数据库等数字出版形式，能与传统出版相辅相成。

张文京

2019 年 8 月

前言

作为特殊教育（和教育）发展的大趋势，融合教育正在全国蓬勃开展。随着融合教育理念的传播，国家相关政策法规的保障，融合教育学校及班级、资源教室纷纷建立；资源教师进入普通学校，普通学校教师开始特殊教育学习；特教教师与普教教师逐渐融合为同一教师群体，特殊学生与普通学生逐渐融入同一班集体。全国高等特殊教育专业及部分幼教、小教专业已将融合教育列为专业课程开设。

融合教育已不局限于开办专业的层面，课程教学研究与实施已成为当下教育界的关注点。

融合教育课程复杂而多元，本着对学生共同性与特殊性兼顾的原则，采用通用课程设计的基本理念，在多年融合教育研究与实践基础上，本书着重探讨以下方面：融合教育教师工作态度和职责，课程调整以及相关教学活动、教学策略、教学资源、教学评量，同时介绍了融合教育中个别化教育教学应用实例。

全书由张文京、杨冰先、王雅如、赵紫伊等统稿。

第一章　融合教育绪论	张文京
第二章　融合教育课程调整	张文京、李宝珍、赵婕
第三章　融合教育教材编选与作业、考试调整	张文京、蔡明尚、曹照琪
第四章　融合教育个别化教育计划	张文京、蔡明尚、曹照琪、彭燕、李敏
第五章　融合教育教学活动及案例	张文京
第六章　融合教育教学策略	张文京、蔡明尚、曹照琪
第七章　融合教育教学评量的内容	张文京
第八章　融合教育教学评量的方式	张文京

本书共十章，各章撰写人如下：

本书可提供给特殊教育工作者、普通教育工作者、资源教师，特殊教育专业大学生、研究生作为参考用书。也适合家长、关心和对融合教育工作感兴趣的人士了解融合教育。

需特别说明的是，书中提到的特殊需求学生／儿童、心智障碍学生／儿童、特殊学生／儿童，都是指的特殊学生／儿童，只是在书中不同语境中用了不同说法。

　　本书汇集了多位教师最长历时二十余年对融合教育的探索与思考，是集体智慧的结晶。全书呈现了许多融合教育学校、班级，参与融合教育的资源教师、普教教师们在融合教育与教学中的不断实践，也给出了针对融合教育教学中相关问题的研究与解决方案。

　　在此，我们向多年来一同走过融合教育之路的特殊教育学校、普通学校，向参与融合教育的各级管理者、学校领导、社工、义工、医生、康复人员和社会人士，向兄弟院校的特教同行、专家学者，包括重庆师范大学在内的各院校特教本科学生、研究生，尤其要向身处融合教育现场的特教教师、普通教师、特殊学生与普通学生、特殊儿童家长与普通儿童家长致以深深的谢意，是你们的相互理解、支持，共担当、同分享，也是你们的进步与成长，成就了今天的融合教育发展。

　　为促进融合教育的工作进一步推广，本书给出了来自多方面的教育教学案例、观察、评量表等供读者参考选用。使用时请注明出处，以表尊重。

　　融合教育与教学复杂度高、涉及面广，本书不免有疏漏，不当之处，望各位批评、指正！

编著者

2018 年于重庆师范大学

目录

第一章

融合教育绪论

第一节　融合教育概说

一、融合教育的定义

融合教育指盲、聋、智力障碍、肢体障碍、学习障碍、语言障碍、行为与情绪障碍、病弱及天才儿童等特殊教育需求儿童在普通学校中接受教育，这是特殊需求儿童在正常环境中接受教育的安置形式，体现了特殊教育与普通教育的融合。

融合教育主张：①形成自然的支持网络，例如，以小老师制、同伴教学、补救教学来帮助普通班老师进行教学。②调整教室生态，例如，以实施合作式学习或变更评量等方式，帮助特殊需求学生适应普通班的学习。③调整教师角色，即教师的角色以促进、支持学生的学习为主，而不只是传递知识。④促进教师以及同伴理解、尊重与欣赏个别差异。⑤采取弹性的、开放的、启发的教学策略。

从特殊儿童身心发展规律来看，融合教育越早越好。最佳时机当推学前期，从义务教育阶段延续至成人生活，成为可持续发展、贯穿全生涯的融合教育。

二、融合教育的目的

融合教育目的总括而言，一是为特殊需求儿童服务；二是弥补教育缺失，追求公正、公平，建设平衡、和谐、高品质的教育，让特殊需求学生进入普通教育环境，并获得教育实效；三是让所有参与者获得进步；四是推进社会的进步。

三、融合教育的发展

（一）国际发展历程

随班就读是我国规模最大的融合教育安置形式，发展速度快、涉及面广，具有很强的生命力。我国随班就读工作从 1980 年代开始，现已有多方面发展：①有关随班就读的政策法规更多也更深入。②服务阶段正由学龄期义务教育阶段向学前与职业教育、高等教育阶段拓展。③服务人群类别由聋、盲、智力障碍等儿童向学习困难，情绪、行为障碍，言语障碍等更广泛的方向延伸。④服务区域由城市向农村扩展。⑤开展随班就读的学校数递增，随班就读学生人数递增。⑥随班就读原来仅有普通教育、普通学校举办，现在有特殊教育中心及特教学校的加入；随班就读原只有公办学校实施，而现有为数不少的民办、私立机构加入。⑦尤为可喜的是部分城镇设立在普通学校的资源教室、资源教师，以及集普教、特教、学校、家庭、社区、教师、管理者、家长、康复、医疗、社区服务、法律咨询援助、职业教育与早期教育等为一体的支持系统的形成，代表了随班就读工作向融合教育实质性的迈进。

但是目前我们的融合教育工作中仍存在以下一些问题：①自上而下的行政支持系统尚需完善，自下而上的班级、学校支持系统也需加强。②有意识地主动开展随班就读的学校数量还需增加。③随班自流、随班就坐现象仍有，有待改变。④普校领导、教师对随班就读的落实从教育观到教育能力普遍不足。⑤支持系统建构还有很多工作要做。⑥特殊教育资源尚未充分整合到随班就读工作中。⑦教育评价缺少确保随班就读持续发展的规定性指标。⑧随班就读学生的持续性生涯关照不足，不是只在学龄期得到服务，而应从早期至职业阶段持续得到关照。

四、相关法律和法规

根据 1994 年在西班牙萨拉曼卡召开的"世界特殊教育大会"所达成的共识，有特殊教育需要者必须有机会进入普通学校，这些学校应该将他们融合在能满足其需要的以儿童为中心的活动中。贯彻此种融合性方针的普通学校是反对歧视、欢迎残疾人的社区，是建立融合新社会和实现人人受教育的保证。发展融合教育的原则为世界各国所遵从，为各国确定融合的教育目标、制定相关政策提供了依据和动力。

2008 年联合国《残疾人权利公约》（以下简称《公约》）及其议定书开始

生效。在《公约》各项基本原则之中，一个重要的原则就是保障残障人士全面融入及有效地参与社会各方面的权利，包括接受全纳教育的权利。中国政府相继于2007年3月30日及2008年8月1日签署和批准了该《公约》，由此表明，政府将在我国的法律中体现《公约》的原则，并且把这些原则推行到法律、法规和政策中去。

修订的《中华人民共和国残疾人保障法》于2008年7月1日开始施行。该法明确表明要保护残障人平等的受教育权，要求普通学校录取残障人士入学，并提供便利和帮助。

2008年4月，《中共中央、国务院关于促进残疾人事业发展的意见》正式印发，作为残障人工作的纲领性文件，它指出要"发展残疾人教育"，强调了"提高师资队伍建设，提高特殊教育质量"。

《国家中长期教育改革和发展规划纲要》（2010—2020）为2010—2020年的中国特殊教育勾画了蓝图，我国在盲、聋、智力障碍儿童特殊教育的基础上，让自闭症、脑瘫和多重障碍等儿童也接受特殊教育。维护残障人士受教育的权利，为残障人士创造一个融合的教育环境，是学校和教师担负着的首要责任。通过认识、理解和掌握残障学生的需求，培养教师的专业技能，形成全校参与、家校合作、师生共建、同伴互助、社区参与的互动网络，我们得以逐步实现融合教育的目标。教师要有意识地增强对残障学生的权利意识培养和生活技能的提升，努力提高专业能力，帮助有特殊需要的学生融入全纳校园的课程学习和社交活动，与其他伙伴共同成长进步。

《残疾人教育条例》于2017年5月1日起实施，提出残疾人教育应提高质量，采取普通教育或特殊教育的方式。其中，应优先采取普通教育方式，优先在部分普通学校中建立特殊教育资源教室，配备必要的设备和专门从事残疾人教育的教师与专业人员，要求其招收残疾儿童、少年接受义务教育，且有培养特教教师和对随班就读教师的支持保障。

五、融合教育的特点

（一）融合教育是渐进的

融合教育的第一步是进入班级；第二步是进行教育观念、教学环境、教学调整，实现教师与学生、学生与学生之间相互帮助、协作、参与、理解、接纳的目的；

第三步是特殊学生与普通学生共同生活、学习，朝夕相处，每个人均受益，同分享、共担当，融为一个共同进步的共同体，收到教育实效。这是逐步递进的融合，其中进入、参与、共进是融合步步深入的渐进历程。

1. 融合教育指标

史密斯（Smith）等人指出要检验融合教育是否真的落实，有下列明确指标可供参考：

- 每个学生都属于班上的学生，不能因其残障而被分到特别小组学习。
- 能给特殊需求学生提供个别化教育方案。
- 能尊重每一个学生，包括普通学生与特殊学生的学习权。
- 普教教师与特教教师能充分合作与互补。
- 教育行政单位及学校能提供充分的行政资源，以支持普通班教师教学与特殊需求学生学习。
- 每位学生都能参与班级的各项活动，不因其残障而被善意或恶意地排除在外。
- 父母能参与孩子的个别化教育计划。
- 给特殊需求学生完整的课程，且尽可能改编课程内容以使其能和班上普通孩子分享。
- 提供合适的评量方式，不因其能力不同而减少学习机会。

2. 融合程度

吴淑美认为，融合教育有四级：

第一级，轻度残障者全时段参与普通班。

第二级，轻中度残障者全时段参与普通班，减少抽离普通班时间，重度、极重度残障者在普校特殊班。

第三级，除重度障碍者外所有学生都在普通班与同年龄同学一起学习。

第四级，不论障碍程度如何，所有学生完全进入普通班，建立支持、合作体系。

我国目前多为第一级，逐步进入第二级。

3. 融合教育课程调整

吴淑美在融合教育的实验中充分地运用了课程调整机制，使融合教育的可行性大为提高。课程以主题、活动、目标、材料为内涵，根据孩子的特殊需求与学习能力，分成至少五个层次来调整，以应对融合教育所需面对的困境。

层次一是调整最少者，即班上所有的同学皆进行同样的学习活动，完成同样的学习目标，以及使用同样的学习材料；

层次二是让同学们进行同样的学习活动，并使用同样的学习材料，但完成不同的学习目标；

层次三是同学们虽进行同样的学习活动，但学习目标以及学习材料不同；

层次四是采用课程调整幅度较大的方式，即同学们所学的主题虽相同，但所进行的学习活动以及学习目标可以不同，例如大多数同学进行朗读活动，但有识字或阅读困难的同学则倾听其他同学朗读；

层次五则是课程幅度调整最大者，即班上同学同一时间内进行不同主题与不同活动的学习。唯有通过课程的多次调整，融合教育的理念才能得以实现。

（二）人人受益，人人进步

班级中既有特殊需求学生，也有其他层次、类别的学生，融合教育关注到全班每一个学生，而不应只是个别特殊学生，或只是关注大多数。融合教育正以自己的努力参与"不让一个孩子掉队，让每个孩子进步"的教育追求中。

对学校：特殊需求学生作为学校的重要生源，促使了教育均衡发展，增进了学校的和谐性与丰富性，扩大了学校的接纳度，提高了学校教育教学水平，提升了学校的课程观。

对班级：特殊儿童与普通儿童共同创建融合、互助的心理环境与物理环境，共同追求"无障碍"环境。

对教师：教师从教育观的构建开始，需要在班级管理、个别化教育计划与实施、教学设计与实施、教材、教具、作业、考试等方面进行调整与引导。为此，教师的教学态度将有积极改观，教师的协同、合作精神及教学知识和能力水平都有大提升，最终达成资源教师和普教教师各自的成长及共同成长。

对特殊儿童：特殊儿童在与普通儿童大量的接触和互动中，有了模仿、学习的对象，并能把握成长发展的奠基期和关键期。在支持系统的帮助下，平等参与家庭、学校、社会生活，自我成长。

对普通儿童：普通儿童得到了学习关心、理解、帮助、支持的机会，看到同学们不同的表现和行动，学习了包容与沟通、共处和互动，相互欣赏且合作共进。

对家长与家庭：特殊儿童的家长与家庭感受到公正、平等，受到尊重，能积极配合教师推动班级建设，增强了对孩子、对教育的希望与信心。普通儿童家庭与家长看到特殊儿童及自己孩子的成长，增加了家庭教育的内容，开阔了家庭教育视野。

对社会： 融合教育是和谐社会建设的需要，是社会文明、进步的明证，也是社会成长、成熟的历程。

（三）关怀、接纳、付诸行动的教育理论与实践

所有儿童不论其感官肢体差别、心智能力高低、情绪表现多元、家庭社会经济差异、文化背景不同等，都应享有同等的教育权利，共享教育资源。融合教育实施对特殊需求学生助益有加，它也可改变社会大众对身心障碍学生的歧视与偏见，建立一个教育惠及所有学生的融合社会。林坤灿认为，融合教育不仅提供全体学生公平、健全的受教育机会，同时更是促使身心障碍学生进入普通教育现场并参与所有教育活动，进而从现场活动的互动中获得进步的过程。他强调对融合教育现场问题的发现，解决问题的策略、方法和行动研究。

（四）涉面广，持续时间长

融合教育包括学龄前、学龄、职业、成人生活，贯穿生涯发展全程，融入家庭、学校、社区教育中。

融合教育是对人终身发展、全生涯的关照。它既有阶段性，即每个阶段有每个阶段的内容、特点及模式，又具贯通性、连续性。因此，学前、学龄、职业、成人各阶段的融合教育前后相连，各环节间衔接、转换形成了可持续发展的融合教育，进入了家庭、学校、社区整合教育中。

六、融合教育的保障要素

（一）沟通

沟通是开展融合教育的基本保障，因为融合教育涉及面广，沟通除观念外，更需具体措施。

1. 沟通对象

融合教育需学校与教师之间沟通。学校对班级、教师的要求，学校对资源教师和班级教师工作的协调和安排，应随时通畅。教师对学校的要求、融合教育问题、有效的建议等均需沟通。

资源教师与班级教师是最需要沟通的群体。针对某一学生的课堂教学问题，补救教学、课程、教材的处理，学生的心理辅导，资源教师与班级教师应随时交

流和商量。当然沟通还含班级教师之间，比如各学科教师之间、班主任教师与其他学科教师间等。

学校、教师与家庭、家长的沟通也是不可或缺的，尤其父母应积极参与。融合教育不只在学校进行，还需家庭、社区的配合、参与，需要多学科跨专业人员以及团队的沟通。

家长之间的沟通不仅指特殊儿童家长之间的相互交流、相互鼓励，还有特殊儿童家长与普通儿童家长之间的理解、尊重、对话。

学生间的沟通指普通儿童与特殊儿童之间的交往、交流，同伴间的互帮互助。

2. 沟通方式

讨论：讨论是融合教育沟通的重要方式，应形成良好的讨论氛围。讨论有例行的讨论会，比如每天下午资源教师与普通班教师的讨论，每周五上午的例会等，应该坚持开展。此外，还有针对出现的问题或遇到的情况而做的随机性讨论。

讨论力求收实效，议题应明确，发言应充分、有创意、有针对性及可操作性，同时形成方案和办法。要避免议而不决的"马拉松式"空议论和草率、匆忙、仓促的应付式讨论。讨论前应有准备，讨论时应有记录，对讨论中提出的问题、方法均应详细记录。再次讨论时应对前一次讨论提出的问题作追踪与回溯，确保每一次讨论的问题得到解决。

对话：对话指沟通双方的交炎与接触。融合教育涉及的各方人员应有高频的接触，其中对话是不可或缺的交流方式。阻碍融合教育开展的常见原因，便是缺乏对话与接触，教育各方独据一隅，不见面、不对谈、不关心、不了解、不合作。良好的对话首先通过面对面的交流，还可通过电话、网络、笔谈等，达到充分沟通。有效的对话讲求密度、关注度、满意度、效度等。

3. 沟通内容

融合教育中，沟通内容涉及面极广，一切与融合教育相关问题，均可作为沟通内容，比如融合的法律法规、教育教学的观点、融合的策略方法、融合学校班级环境建设、融合中的人际交往等。

（二）合作

融合教育中，沟通为互动、交往的第一步，合作则是重要的行为方式，既是积极的行为态度，也是良好的品质。

合作前提：应有对融合教育的共识。合作是为共同目标而努力。合作双方应有合作的意愿。

合作品质：首先是沟通，融合教育必须建立在相互沟通的基础上，其次还应有专业、尊重、负责任、真诚等品质。

合作行动：在解决合作前提、具有合作品质的同时，要采取合作的行动。融合教育通过合作对象之间的互动，在日常活动的累积中获得教育实效。

（三）调整

融合教育一旦启动就意味着需普通教育的调整和特教教师的进入。

课程调整：现主张融通课程，即对普通教育课程进行调整，针对特殊学生拟订个别化教育计划，对普通课程进行分层次处理。

教学组织模式调整：增加综合的教学活动，培养学生自我引导能力和调控力，做好教学中的充实、辅助、补救、适应性等内容和活动的调整。

教学调整：注意班级其他同学与班上特殊儿童关系的处理，对教学环境、资源、教材、教案、作业、考试、评价等进行调整。

（四）改变

融合教育实施是对原有教育教学的反思，对原有的教育教学的冲击与改变，从而形成新的更适合儿童成长的过程与结果。

学校改变。学校的意识、环境、气氛以及学校的管理，随着融合教育的全校参与将会有焕然一新的实质性变化。

教师的改变。教师角色由原来的权威、讲述为主变为更民主，对学生有引导，能与学生互动交流。教师增进对多元智能和丰富人格的理解与尊重，教学策略、教学智慧增强，教师合作团队形成。

学生改变。学生在互动当中增进了解，由竞争对手变为朋友与伙伴，在学习上相互帮助与关心。

（五）成果

有效的融合教育的成果包含个人成果和整合性成果。成果的认定可通过各参与者的感受来表达，还可经评量获得。同时，成果鉴定还可推进下一步的成长发展规划，使融合程度提升，融合关注度提高，融合模式增进，融合策略拓展，等等。

七、建立融合教育支持保障体系

就我国目前状况看，融合教育支持保障体系的建立应在支持系统的建构与运作上予以关注。

（一）行政支持

这是一个需要由上而下的各级相关行政部门的一致性、一贯性的理解、重视、支持与管理的体系。

1. 所涉及的各级职能部门

本书提及的行政管理运作系统，含省政府、教育部门、残疾人联合会、民政部门等。历年来不论是经济发达的地区还是经济欠发达的地区，若形成了由上而下的无缺环的行政支持管理系统，随班就读工作一般就会良性运行；反之，随班就读工作往往或流于形式，或半途而废。随班就读品质保证所涉及的上级行政支持系统，较特殊教育学校更广泛，直接关系更大。而无缺环既指横向的各部门平行环不能缺一，还指纵向上的上下环节不能缺失。

2. 行政支持内容

支持性行政系统首先要从政策规定上支持融合教育工作，如一些地区由教委、残联共同制订开展随班就读的文件或建立资源中心的相关规定等。

支持性行政系统还包括教育管理考核。例如，将融合教育工作纳入学校考评体系，从随班就读学生学籍管理、教育安置、作业和考试处理等方面开展对学校、教师、学生评价，行政系统予以支持与管理。

当然，支持性行政系统还包含无障碍环境、经费、人员编制、教材设备、教学资源、教师职称评定、学生升学、就业等的支持。

（二）学校支持

随班就读学生安置在某一普通班级，这一工作首先是学校行为。向融合教育迈进的学校，必须强调全校参与的融合教育学校建设。

1. 学校支持的教育理念

融合教育必须取得学校的支持。学校应该从所执行的课程、学校环境、学校人际关系、学校的教学活动、学校与社会（区）交往等方面，对融合教育给予切实的支持。

2. 学校的导向与气氛

学校物理环境指服务特殊需求学生的校园环境建设，如无障碍通道、盲文标志等，学校依特殊生类别和学校条件做出相应的建设。

学校心理环境指对差异性的容纳、尊重和欣赏。让随班就读学生能感到参与的成功，有归属感。普通学生能体会到生活、学习还有更多的形式，生命是丰富多彩的，有助人的快乐、有合作的经验。总之，学校呈现出教育的理想状态。教育基本权力可以充分体现，教育公正与公平在此处得以彰显。

3. 校本课程的定位与教学

学校将融合教育纳入学校各项工作计划当中，每学期均有全校性的活动，如故事会、电影周、报告会、文艺表演、义工服务等。

学校走出仅以学科课程为唯一选择的"死胡同"，引入生态导向的课程观；以生活为核心，注意学生的潜能及多元智能，满足学生个别化教育需求；注意所有个体的共性，提倡创造性学习、合作学习、协同教学；注重自我引导能力的培养，给予学生从学前、学龄到职业、成人的全生涯关照。

4. 学校评价体系的改革

推进融合教育，让学校评价体系也有较大的改革。评价给出工作内容，形成新的工作观念，建立新的工作格局。这是学校教育管理督导机制的重要组成部分。

5. 学校管理与资源教室建设

资源教室建设、资源教师配备，在融合教育学校工作中被反复提及。因为资源教室及资源教师是我国融合教育在随班就读基础上的新进步，是一个新的工作形式，让特殊教育的专业服务进入普通学校。可以说，资源教室与资源教师搭建了特殊教育与普通教育融合的桥梁。

资源教室建设包括人员的配备、场地的落实、设施设备的购置。为了保证资源教师工作的开展，国家在相关的融合教育政策、法规、文件中均有对资源教室建设的要求。

随着资源教室的建设，产生了对资源教师工作的安排、普通教师工作要求和相应支持、资源教师与普教教师关系的协调、班主任工作的新要求等问题。随着个别化教育生态导向教学活动的开展，学校将对特殊生学籍管理、班额调整、教学调整、作业考试处理、学校评价、教师评价以及家庭教育、家长工作、学生升学、就业等问题予以密切关注，还要对社会联系，跨专业、多学科团队建设，教师成长、专业学习、对外交流等问题进行深入思考。此外还要在工作开展中做好组建资源教室、培训教师、促进班级教育、课堂教学等工作。

6. 教学中的支持

教学中对融合教育工作开展的支持主要有课程、教学组织模式、教材、作业、教学环境与资源、考试评价、教学方法与策略等。教学支持还有对教师教育观念、态度、知识和融合能力的关照，具体还有对教育诊断、拟订个别化教育计划、教学设计与实施等的指导等，工作面广泛而深入。

总之，学校支持是融合教育工作的具体领导层面，也是直接关系该工作运行的因素。学校支持力度不够则融合教育工作举步维艰，因此，没有融合的学校就没有融合的班级。

（三）班级支持

班级是融合教育的基本单位，所以班级管理问题显得尤为重要。融合教育班级管理有以下特点。

1. 班级所有教师协同合作

班级所有教师都应接受学校统一领导及安排，还需在班主任的协调下，了解特殊生情况并参与个别化教育计划的拟订。每位教师在各自的教学中负有实施学生个别化教育计划的责任，同时，所有教师每周都应参与针对该生的交流会，提倡协同教学。个别化教育计划从拟订到执行，均应各科教师共同完成，教师应通过各种方式与其他教师保持密切联系。

2. 建立关心特殊学生发展的班级

教师应引导全班同学对特殊学生的理解、接受，包括对他的障碍的理解、接纳，如让学生理解"配戴助听器就跟我们戴眼镜是一个道理"。班级应经常举行相关的活动，例如让部分同学戴上眼罩半天，尝试一下盲生的生活，以理解残障同学的状况；还可请残疾自强者作报告；让特殊生承担一定的班务工作；全班同学互相找优点，让全班同学看到特殊学生的优点、长处。

班级所有活动特殊学生都要参与，秉持公平、公正的原则，这应成为工作常规。只有处于相互尊重的班集体里才会有真合作，班级所有学生包括特殊学生才会感到谁也不是外人，在班级里面共同成长。"小伙伴制"应成为教学活动组织方式，如小组的分配，座位的安排，一对一结对子、互帮互学。还有学生在学校生活中自然形成的伙伴关系和群体，应予以充分尊重。班级应有特殊学生畅所欲言，表达自己意见。

3. 促进特殊学生个人成长

能促进特殊学生个人成长的班级才称得上融合班级。特殊学生在班级中得到教师的关心、理解。学习上成功，班级中有朋友，能在班级中表现自己的能力，发表自己的意见，承担一定的班级责任，能在班级中经历成功，在班级中感到愉悦，这样的班级才是特殊学生融入且能促进自我成长的地方。

（四）家庭支持

1. 家庭是自然支持系统

家庭支持指家庭教育与学校教育配合，对学生的个别化教育与教学发挥作用。学校拟订的个别化教育计划一定要进入家庭，在家庭环境中执行个别化教育计划。家庭成员既是个别化教育计划的参与者，也是实施者，同时也是该计划执行情况的评量者、督促者。另外，家庭支持也指学校对家庭的支持。特殊学生家庭选择该种安置模式就表示家长对此模式的关注和认可。因为家长性格各异，孩子情况不同，融合班情况千差万别，家长形成了不同心态：

敏感型心态。对孩子所在班级教师及其他同学对自己孩子的态度与关系极为敏感，总是担心自己的孩子在班级中受歧视、被欺侮，遇到问题时防御心较强。

尝试型心态。家长对孩子融合教育有希望也有疑虑，较为谨慎地、试探性地与班级同学、教师交往。他们有进入班级的期望，较为主动。

随意型心态。家长对孩子学习现状并不关注，与学校、班级联络不足，随意性较大。

主动型心态。家长对孩子融合教育抱有希望，能理解，对遭遇问题有准备，能较为主动地面对和行动。

2. 家庭对融合教育工作的影响

家长、家庭是融合教育工作开展的核心和关键。家庭支持对特殊学生发挥支持作用。从某种程度上说家庭对融合教育的作用超过其他任何方面，故家庭的成长是影响融合教育成败的重要因素。

3. 家庭成长

家庭成长的内容包含家庭的教育观，对孩子的教养态度、教养知识、教养方法，与学校的配合，对孩子的期望、要求以及人际关系协调等诸多方面。

学校可通过家长会、家长联络、家长咨询服务和上门家访等方式与家长沟通，还可由家长自我成长团体组织定期或不定期活动。社会应关心理解特殊生家长，给予他们从心理到物质环境的帮助与支持。

学校、班级有责任协调教师与家长、学生与家长、特殊生家长与普通儿童家长之间的关系，使特殊学生家庭在支持、关怀的环境中成长。

（五）社区支持

特殊学生个别化教育计划的社区性从学生方看：一是学生的学习，应与生活密切相关，因而有对社区的认识、理解、使用和与社区交往、沟通的需求，所以教学内容、教材、教学场景等均离不开社区。二是学生成长中需大量的社会资源，比如医疗、保险、升学、就业、维权等。三是他们本来就是社区中的一员，儿童、少年期作为子女的身份处在社区中，青年成年期则以职工或父母的身份处于社区中。社区、社会是他们出生、成长之所，喜、怒、哀、乐多源于此，离开社区支持，他们的生活举步维艰。从社区的角度看，一个良性运行的和谐社区是让所有人，包括老、弱、病、残均乐于进入。社区正是在不断提升自己的包容性中发展。所谓支持性社区就是社区对这些儿童的理解、尊重，提供更具体的支持性服务。比如社区无障碍通道、无障碍环境（含物理及心理环境），文化、娱乐、义工服务、医疗、康复、跨专业团队的整合，对升学、就业、安置的关照，以及各种应有权利的获得与维护，等等。支持性社区是和谐社区建设的重要内容。

（六）自我支持

自我支持，指自己对自己的支持，是融合教育的终极目的，也是主观能动性的体现，正如张春兴所言："对己克制，对人尊重，对事负责，对物珍惜。"特殊人群要达到这个境界并不容易。它需要来自两方面的合力，一是自己的努力，二是家庭、学校、社会的支持，双方契合并形成向上、进步的内趋力。这是苦乐与共，并伴随自我认识、自我选择与决定、自我执行、自我调控与管理，产生个人成果的自我成长历程。

以上是融合教育支持系统的行政支持、学校支持、班级支持、家庭支持、社区支持、自我支持。这是由点及面最终统整而形成的立体支持系统。这一支持系统既有各个侧面的效能，又有整合的力量。由此可见，这一系统是我们与特殊需求学生共同建立的，是融合教育不断发展的历程。

第二节　融合教育的理论及观念

一、融合教育观

1. 融合教育的提出

随着社会进步，教育的变革冲击着普通教育与特殊教育。融合教育是特殊教育由封闭走向开放、从隔离迈向融合的前提。普通教育正敞开大门迎接有特殊教育需求的学生，这标志着普通教育的包容接纳和教育观念、教育能力的提升。特殊教育与普通教育原本是一家，常态教育原本就该如此。

融合教育是一种新的教育观的表达，是教育的新起点。当一所学校敢于作出融合的承诺时，表明它不仅有大教育的观点、胸襟和气魄，还已具备提供给有特殊教育需求的学生个别化教育服务的条件和能力（如适合的课程、称职的教师、适配的资源教室等）。一个教室里每一个学生都能获得进步，都不掉队，有伙伴、有朋友，感到快乐、幸福，这才是理想的班级。

2. 融合教育表现教育现代化的实质性意涵

融合教育是教育现代化的实质性表达，主要体现在以下几个方面：

（1）融合教育是现代化学校、园所建设的重要标尺。融合教育不同于学校旧房改建，也不同于新建塑胶跑道和增加计算机等硬件。将融合教育归于素质教育也不准确。融合教育有教育现代化的深层思考，更重要的是实际行动，融合教育主张教育中"一个也不能少"，还追求"不让一个孩子掉队，让每个孩子进步"。综观教育现代化进程，班级对全体学生的关注无疑是一种对效率与普及教育的选择，但面对全班同学时，教育关注显得比较笼统、模糊。提出"一个也不能少"，是对教育机会的争取，是对教育包容度的表达，它除了针对贫困造成的教育机会不均等，也包含对因身心障碍被排除在教育之外、教育机会不均等现象的反思。教育已关注到班级中有困难的个体，其关注具体而清晰。但在解决问题时，因贫困导致的不均等，可通过经费投入而化解，但因身心障碍而致的不均等就不仅仅是经费问题，还涵盖着教育观念与教育能力等深入而专精的问题。"不让一个孩子掉队，让每个孩子进步"则更明确昭示了教育必须融合所有儿童。除此之外，教育还需对所有儿童提供有效的、能看到进步与成长的服务。教育的有效性，并非只惠及部分"精英儿童"，也不是只惠及大多数儿童，而是"每一个"都不掉队，都要进步。

（2）从教育教学形式至教学内容和教学实质均有发展。融合教育有教学安置形式的考虑，比如根据特殊需要允许学生一天大部分在本班活动，某些活动或时段到别班或专门空间，如语训室活动。在教学形式、内容安排上，教师要考虑全班同学教学的同时，需考虑此生如何在班级教学中有收获。在整个教育教学中，均要考虑全班同学的共同成长，这也扌动了教育教学实质性成长。让因材施教、有教无类、个别化教育教学由理念进入操作层面。

（3）教师协同教学。融合教育非某个教师一人能力所及，是广泛的教学管理与教学团队的协同合作的教学行为。从教学管理层面至教学组织、策划、实施各层面，牵涉教师团队共同参与，既有各自岗位职责又有团队整合，教师与相关人员间的协同，是融合教育成败的关键。因此，融合教育实是对学校教学管理和教师协同能力、合作程度的考验。

（4）某学校一旦启动融合教育，便从教育观、价值观、教育态度到教学管理、教学活动设计、班级管理、教学实施等给学校工作以耳目一新的挑战，在逐步探索与形成相应运作机制的过程中，学校会以此作为生长的契机，从多层面获益。

（5）学生在班级、学校、团体中合作学习，关系从倡导竞争到彰显合作。学校、班级通常是以竞争为主的潜在课程导向，当融合教育进入后，合作式学习活动小组的建立，小伙伴制、评价的改变，以及教学资源的支持协助，学校相应的课程、教学、作业、考试的均调整为倡导合作、互助的行为模式。融合教育彰显的合作精神对惯于竞争且竞争激烈的学校以冲击，提供了一个学习合作、学会合作的机会。

二、基于共同性与特殊性的融合教育

融合教育面对特殊儿童与普通儿童的共性与特殊性，要处理缺陷与潜能、优势与弱势等相对相连的问题，促使我们在思考中选择，在选择中行动。

（一）特殊儿童与普通儿童发展的共同性与特殊性

1. 特殊儿童与一般儿童身心发展的共同性

与正常儿童一样，特殊儿童也是人类的后代。他们首先是儿童，特殊指的是部分身心障碍，有特殊教育需求。谈及特殊儿童的特殊性、个别差异时请记住：所有的个性都包含在共性当中，离开共性的个性不存在。

（1）特殊儿童与正常儿童有相同的身体结构和心理发展基本规律。在身体结构上特殊儿童与普通儿童一样，在心理活动上他们同样感知着周围的人、事、物，并通过自己的头脑判断、理解、认识着自己与外部世界。他们的需要与普通儿童的一样，需要吃、住、行，需要教师、父母、同学的爱，需要别人的理解、尊重。即使他们视觉、听觉、语言、动作、大脑有障碍，但身心发展仍按儿童发展的基本规律进行。如鲁宾斯坦所说，心理发展是儿童年龄阶段的一个特点，它可以突破任何身体的严重疾病。

（2）特殊儿童与普通儿童身心发展同样受到遗传、环境和教育的影响。和普通儿童一样，在分析特殊儿童的身心特点和发展时应从心理与脑、心理与实践、心理与客观事物三个方面考虑，影响特殊儿童个性形成的仍然是遗传、环境和教育等因素。了解影响特殊儿童身心发展的三因素，在成长过程中把住学校、家庭、社会三个关口，特殊儿童平等参与社会生活终将成为现实。

（3）普通教育与特殊教育要沟通。由于特殊儿童与普通儿童共性的存在，普通教育与特殊教育之间并没有无法逾越的鸿沟。特殊教育运用了很多普通教育的经验，如开放式教育、动静结合的教学、情景教学等；特殊教育又给了普教新的启发，比如个别化教育、生活为核心的教育等。

2. 特殊儿童身心发展的整体性

潘菽指出，人的基本心理活动由认识活动与意向活动构成。

特殊儿童有感知缺陷，抽象概括能力差。针对他们表现出的缺陷，教育应从感知、思维、沟通训练入手，抓住起指引作用的认识活动，亦即教育重点。这在实践、理论论证中已反复强调。在此还应注意的是，意向活动在认识活动中所起的主导、关键、第一位的作用。只有当一个人有了认识事物的需要或兴趣，有了"我想做""我要做"的想法时才可能积极主动地感知思维。一个根本不愿学习的学生不可能学习好。特殊儿童认识活动的缺陷表现在速度、强度、范围、深度的综合反应上，影响了意向活动的主动性。谢根说："如果特殊儿童有愿望了，他就能做很多事，知道很多东西，但不幸的恰恰是这种动机十分薄弱……什么也不想，这是心理上愿望的损害。"要想使特殊儿童整个心理活动处于激发态，关键应激发其主动性，让意向活动活跃起来。激发特殊儿童意向活动主动性既困难又重要。只有看到认识活动与意向活动的相互关系，将认识活动与意向活动同步培养，教育才会有实效。不仅仅是传授技能技巧，而是将意向活动（将生活工作态度如守时、守约、敬业、敬人等）培养放在突出位置，才会让特殊儿童在社会中更好地生活。

特殊儿童各种心理的形成和发展是一个不可分割的整体，对其进行感知训练的同时有注意、记忆、情绪、思维、意志等参与，各种心理活动相互渗透、相互影响。在感知训练时也培养了注意、记忆、思维、情绪、意志等。感知训练效果的好坏可能与训练本身有关，也可能与注意、记忆有关，可以说各心理活动之间，牵一发而动全身。

各心理活动具体存在于每个个体身上，因此个人的能力、性格等个性特征及自身的心理发展水平将会对心理活动产生明显的影响。特殊儿童今天的心理建立在昨天的心理基础之上。明天的心理又与今天的心理息息相关，昨天、今天、明天构成了特殊儿童心理形成、发展连续的整体。对特殊儿童昨天的了解和回顾是为了今天的教育培养，今天的教育培养则决定了儿童明天的成长发展。融合教育应该去了解儿童的昨天，把握今天，展望明天。

特殊儿童的缺陷与潜力共存构成身心发展的整体。特殊教育要面对缺陷、障碍，补偿缺陷，同时要发掘潜力、发展健康心理。

3. 特殊儿童的特殊性

特殊儿童由于智力障碍、听力障碍、视力障碍，有着特殊的需求，应该得到有效的个别化教育服务。

特殊儿童会感到较大的压力。缺陷阻碍了特殊儿童心理的发展，更为严重的是他们遭遇的压力比正常人大得多，频繁得多，他们被当做特殊的群体经常地被否定、批评，极少受到肯定、赞扬；多次失败的经历，极少成功的尝试，承受奚落和居高临下的恩赐而缺少平等交流；更少有帮助他人的体验。社会设置的障碍比大脑缺陷大得多，一方面强化了他们原本就存在的缺陷和障碍，产生了"越骂越压越笨越退缩"的情况，使障碍状况恶化；另一方面使他们正在形成和发展的心理活动受阻，影响心理的正常发展，屡遭挫折之后特殊儿童容易自卑。为补偿失败，有的特殊儿童表现出狂妄自大，或通过攻击行为来引起别人注意，表明自己的存在，发泄心中的压抑，有的则以退避、萎缩等态度应付压力。特殊儿童存在大量的、发生率高的异常行为，究其原因多与社会压力有关。

如何减轻特殊儿童身上过于沉重的压力，怎样教育特殊儿童去应对压力是教育的重点与难点。特殊教育中强调让特殊儿童获得成功，运用积极行为支持提倡教师的爱心、耐心，这些都是疏解学生压力的方法或原则。

特殊儿童心理发展的特点是较普通儿童晚、慢、差。在融合教育环境中主要表现为学习问题、情绪行为问题和人际沟通、交往问题。

特殊儿童呈现高差异性。特殊儿童与正常儿童之间在身心发展速度和水平上存在差异，此外，他们个体间也有差异。特殊儿童个体之间的差异包括出现时间早晚、持续时间长短、智力障碍程度。对特殊儿童个体内部发展中的差异应多因分析，避免简单归因。

（二）障碍与潜能并存

特殊儿童存在着某些障碍与困难，比如看不到、听不到、语言障碍、动作障碍等；同时存在着潜在能力，比如残余视力、听力和替代补偿能力等。障碍与潜能并存是特殊儿童的生活现实。对此我们的态度是：面对现实，接受挑战实现超越。

1. 超越的原动力

（1）超越是特殊儿童的生命力。障碍与潜能并存的生命体中存在着超越的原动力。特殊儿童存在身心障碍是不争的事实，但他们存在障碍的同时还存在着求生存、求发展的愿望与能力。任何一个身心障碍儿童绝不甘心于被障碍所困。这是个体的超越"基因"，是生存和生命的原动力。

（2）超越障碍的途径很多。

发掘残余能力。特殊儿童的损伤或缺陷程度不一，大多数特殊儿童的障碍部分尚存或多或少的能力，如视力障碍学生运用残余视力、听力障碍学生调动残余听力就是例证。

替代与补偿。特殊儿童成长发展中的缺陷，会由其他机能进行一定程度的补偿、替代，以满足不可抗拒的成长发展必然。替代、补偿是人体与生俱来的机制，但替代、补偿能力的形成却是特殊儿童在其生活实践当中不断学习、训练的结果。

支持与辅助。特殊儿童超越障碍，还需获得环境的支持、帮助。支持是多方面的，包含人、事、物，通常称之为支持辅助系统。应充分发挥自然支持系统的作用，同时进行多学科跨专业团队的建设，以提供支持。

物质支持。辅具开发利用，如助听器、助行器、沟通板、阅读机等，空间设置上如无障碍环境的建设，均能帮助特殊儿童降低难度，提高适应性。

外部支持与自我超越。教育（家庭教育、学校教育、社区及社会教育）本身就是一种支持、辅助。教育的引导是特殊儿童最有力的支持。教育不仅给特殊儿童带来发展的机会，而且最终要给予特殊儿童自我教育、自我发展的能力。在系统的支持与辅助网络中，有许多缓解压力和减少困难的因素，创设了一个可以超越障碍的、良好的客观环境。外部的支持与辅助，最终内化为特殊儿童的自我引导、自我选择、自我决策、自我超越能力。

（3）超越心态很关键。费尼克斯认为，超越意识产生出来的第一个心态是希望，是以希望为媒介，对未来连续不断的设计。其二是创造性，创造并非少数精英的特权，而是人人都具有的普遍行为。其三为觉悟，含同感、共鸣、好感、宽容在内，对一切人、文化、社会集团、自然对象抱持积极态度，人借助超越使自身得到解放。其四为怀疑与信念。其五为惊异、虔诚、遵从。

2. 超越障碍新探索

（1）障碍的相对性与可变性并存。

障碍是从与环境的交互过程中表现出的不适应来判断的。从某个角度来看，障碍就是一个关于环境适应的概念。环境的改变，就会带来适应程度的变化，适应程度不同，障碍程度也随之改变。因此障碍不是一个固定不变的特征，任何一个人都会面临因为环境变化出现的"障碍"。比如，在农村过马路没有障碍的孩子可能在城市过马路有障碍。在城市依靠自来水生活的孩子，到农村到水井挑水就会有障碍。面对障碍，一是改变自我，二是调整环境，三是双方同时调整。

（2）缺陷与潜能同样重要。

在特殊教育中，有的教师要么在学生的障碍、缺陷上关注过多，要么忽视障碍的存在，盲目乐观。教师应该直面障碍，发展应对的能力与本领，不断探究有效性教育，在分析学生障碍时充分看到能力，了解弱势时发现优势，剖析障碍阻力的同时启动克服障碍的推力，把握不会、不能时探究所会所能，且将简单对特殊儿童群体的比较，转向对儿童个体内部能力的发现，并能与特殊儿童一起发掘他们的能力、优势和优点，关注他们的兴趣、需求和学习风格，同时在实践中共同面对障碍、分析障碍、挑战障碍，且最终超越障碍。特殊儿童将在此过程中，经历并体会克服困难的过程，不断进取、获得成功。

（三）自我成长与支持协助

融合教育力图培养处在常态环境中的特殊儿童的自我成长能力，对于此，有学者提出自我决策能力的培养并指出，自我决策是个体参加目标管理、自我调节、自主行为的技能、知识和信心的结合。

1. 自我决策能力

自我决策是指个体了解自己的兴趣、技能和限制，在最基本的生活需要基础上按其生活中达到控制的目的行动，以保持和提高其生活质量的意志行为，且不受其他不适当的外在因素影响和干扰。

特殊儿童自我决策能力并非自然顺利发展，需通过教育激发、推动、强化。教育应在特殊儿童成长的儿童期、少年期、青年期、成人期分别有适宜的相关支持、服务，从认识自我、认识别人、认识生活环境、认识自己的兴趣和需要，到制订自己的目标、计划，表达需求、目的，均提供支持和引导。

2. 支持和支持系统

世界卫生组织在世界卫生健康会议上签署的 ICF，即功能、残疾和健康的国际分类（International Classification of Functioning Disability and Health）提出身心障碍个别化教育、个别化支持中现有三种模式，即人类功能模式、生活品质模式和支持模式。

（1）对于支持对象。

增量。支持对象通过支持得到功能的增强，能克服困难、解决问题、改善现状。

发展自我能力。除将外部支持转化为自我功能的增强外，还要形成自我选择、自我决策、自我规划、自我调控等能力，促进自我成长和发展。

提高生活品质。促进障碍者获得更独立、更统合、更有品质的生活。在独立性上有个人发展和自我决策成长；在社会参与上有人际交往、社会融合；在福祉上有情绪福祉、生理福祉和物质福祉的获得。

产生个人成果。获得生活品质相关个人成果，在精神生活和价值实现上能有收获。

令障碍者满意。提供支持应以受支持者的满意度为重要指标，所有的支持服务最有发言权的应是支持对象的感受。

（2）对于支持提供者。

进行专业化建设。支持提供者只有通过专业的不断学习和实践才能提高自身专业知识和能力，从而用高品质专业水平服务于障碍者。

提供有效性服务。支持是有效率和效能的；支持能激起障碍者的主观能动性，将外部支持转化为内在动力；支持可以改变或超越障碍，实现个人成就。

支持双方共进。在提供支持的过程中，支持提供者和支持对象不是单向的施与受的关系，而是相互尊重的双向互动、相互鼓励、相互学习、共同成长。

实现团队建设和成员的进步成长。整合跨专业团队是融合教育发展的必要条件。现有的经验是通过制订团队建设指标，依指标实施、监控、评量，并做好反思。

（3）对于社会。

增进社会服务。社会服务随着时代的进步有了快速的发展，支持和支持系统的概念有了明确的界定，尤其是面对障碍者的整合团队服务使社区服务在原有的基础上得到了增进和扩充。

是现代社会和社区建设的重要标尺。对障碍者的支持服务是现代社会成熟和成长的重要指标，是社会文明和谐的证明。一个让障碍者能够并乐于进入的社区，是美好的社区，是充满关爱的社区。

第三节 融合教育学校教师的工作态度与工作职责

教师团队是学校融合教育实施的核心集体，包括普教教师（学科教师和班主任教师）和资源教师。只有每位教师做好自己的工作，尽职尽责，并且与其他教师密切合作，形成融合支持系统，才能收到融合教育实效。

融合教育教师工作可从工作态度、知识与能力三个方面进行分析。

一、工作态度

负责任、有担当。融合教育教师有一般教师应负的责任与义务，更有对特殊教育学生更多的责任与担当。融合教育教师要帮助维护特殊学生及家庭的基本权利，呼吁与宣导融合教育理念；面对困难问题不回避、不敷衍、不拖延，努力解决问题；不安于现状，努力学习新知识，让所有学生获得有品质的服务；让每个学生都进步；能够勇敢地从自己的教育教学，从每个教学活动现场做起。

包容、接纳、理解、关心。教师对特殊学生的所作所为要有包容、接纳之心，在此基础上对其不适应行为谋求对策；以同理心进行行为分析，充分理解学生行为的意义与功能；可以和学生有真心的交流，用积极行为建构策略，共建教学双方正向行为。

公平公正。当特殊教育发生在普通班级当中，特殊学生在学业、情绪、行为、人际沟通上表现出障碍和缺陷，教师不能歧视和排斥他们，而应给予公平、公正对待，同时要教导全班同学认识、理解特殊学生的障碍、缺陷，形成包容与关心的氛围。要创造条件和机会让特殊学生参与学校班级的所有活动，不能以任何借口剥夺特殊学生的参与权。让特殊学生在班上有朋友、有工作、有责任，有发表意见、表达自己的机会。对特殊学生有表扬、有批评，让特殊学生成为班级中的一员。

尊重。融合教育教师对特殊教育学生与家长的尊重应来自内心，是对生命、生活的珍爱和对自己、对他人生命尊严的维护。教师尊重学生就会因材施教，依据学生需求让学生成为自己，成为一个在生活中受到尊重、有生命尊严的人。

智慧与创造。融合教育教师面对的问题和新情况多而复杂，需持续不断地学习，获得新知识，且与旧有的经验整合，丰富自己的教育智慧。不断进行教育教学改革与创新，是融合教育可持续发展的重要途径。

专业探索与精进。融合教育的开展，在原有的普通教育中加入特殊教育元素。普教教师、资源教师均面临着大量的新专业知识的学习，如课程调整、教材调整、作业调整、考试调整、教育教学调整、个别化教育计划拟订、多元评量、辅助技术、相关服务（物理治疗、语言治疗、艺术治疗）、跨专业支持系统建设等。融合教育品质依赖融合教育教师的专业化精进。融合教育教师成长走专业化之路是必然的选择。

坚持、坚守。融合教育在我国从随班就读走到今天，取得了可喜的进步，也面临许多困难和问题。我国融合教育既有量的发展任务，还有品质提升的要求。具体到一所学校、一个班级会有更多问题，每位参与的教师均会历坎坷、经考验。教师的抗压能力要强，教师的坚持与坚守成为该项工作成败的关键。教师的坚持、坚守与外部的支持相关，但更多源于对该项工作的认知、理解及自我的意志、责任与担当。

坚守、坚持还表现在教育目的上，比如，坚持以生活为核心，了解教育的原则，尊重、接纳特殊学生，使其有平等参与的权利，提供个别化教育，提供支持服务，追求教育有效性，追求生活品质等。

合作、沟通。融合教育是一个复杂的体系，需参与其中的每一个人充分发展自己的能力，并与他人合作。融合教育教师之间的沟通、合作便是工作重点，还有与特殊学生及家长、特教教师、相关服务人员的沟通合作，且要协调关系；除校内合作外，还需与其他相关单位合作，比如，与残疾人联合会、教育局、医院等。

二、工作职责

融合教育对所有的教师的工作职责要求是：

- 掌握广泛的专业知识。

- 进行个别化教育与教学（教育诊断、个案会召开、个别化教育计划的拟订与实施）。

- 关注学生学习及生活。

- 支持学生学业。

- 提供积极行为支持。

- 对学生家庭和家长提供支持服务。

- 与社区联络，建立支持服务体系。

- 处理共同性与特殊性的关系。

- 进行班级管理。

- 推行小伙伴制。

- 能主动进行融合教育介绍、推动、宣传工作。

- 能从自己工作实际出发拟订自己的融合教育工作计划。

- 能按自己的计划做自评。

- 有对自己融合教育开展优缺点的了解、原因分析。

- 能修正自己的工作，有新的工作目标。

（一）学科教师工作职责

融合学校执行普教课程的有语文教师、数学教师、音乐教师、体育教师、美术教师等。学科教师的融合教育专业成长在每日的教育教学里发生。学科教师多数时间从事班集体教学，在班级授课制下执行班级教学计划。

1. 融合教育中学科教师工作特点

融合教育中的学科教师首先是学科教师，经融合教育培训后承担学科教学工作。其工作特点如下：

（1）以原有的学科教学知识与经验为基础。原有的教学经验和学科教学能力为融合教育的根基，再进行拓展和细化。

（2）对学科结构组成进行深层分析。融合教育中的学科教师应从知识本身着手，对原有的知识、经验，作更深入、细致、广泛的分析探究，形成结构严谨的知识网络。

（3）形成生态学习体系，主持教学调整。学科教师将普通学生和特殊学生相同的学习内容进行比较分析，并形成多角度、多层次、多元化的学习生态体系，对特殊需求学生的学习现状及学习特点定位，是教学态度与情绪、课程教材、教学设计、作业、考试、评价等一系列调整的决策人和执行者。

（4）形成更多的有效策略和教学方法。融合教育学科教师在面对全班同学的共同性、普遍性学习的同时，会有意识地考虑各层次学生的差异性，同时会清楚、明确地面对特殊学生个别化学习，因而其教学思考是一个也不能少，一个也不能掉队。在教学起点，教学目标，教学策略、方法，对教学的评价和教学环境等均会以有效性服务为导向，带来教学改变并促使每个学生进步。

（5）学科教师与学生共建知识体系。融合教育学科教师在深化知识、深入学生、投入教学的过程中，会从知识的单向传授者角色转变为与学生协商、合作、共建的互动互助关系，教师与学生在不间断的教学过程中形成密切关系，共建知识体系。

（6）提升学科教学品质。学科教学置于融合教育大背景下，在教学活动设计和实施融合教育的各环节，经历融合教育教学的过程，融入了融合教育教学的理念和方法，就提升了品质。

（7）与其他教师合作。学科教师与其他教师（包括班主任、资源教师）合作是融合教育教学的基本要求。

2. 普教学科教师的工作职责

（1）教育诊断。

• 提供学科评量结果。

• 了解融合教育诊断全部项目构成。

（2）参加个别化教育计划讨论会。

• 在个案会上发表自己承担的学科评量结果报告。

• 听取各种测评人员对个案的多元观察评量报告。

• 按个案报告现场程序参与各项讨论，并充分发表自己的意见。

（3）参与学生个别化教育计划拟订。

• 成为学生个别化教育计划拟订小组成员。

- 能用广域核心课程，比如发展性课程、适应性课程，对学生个别化教育计划提出长期目标建议和支持建议。
- 能从学科角度对学生个别化教育计划作长期目标拟订和提出支持建议。
- 能在长期目标引导下拟订具体的短期目标。

（4）拟订全班学生的学科、学期教学计划。

- 拟订并熟悉特殊学生学科个别化教育计划。
- 拟订全班普通学生学科学期计划。
- 特殊学生个别化教育计划目标与全班计划对接，形成本学科本学期总计划。
- 拟订月计划、周计划、日计划、单课计划。

（5）进行教学活动设计。

- 把握特殊学生学习能力状况。
- 对学生平时作业、考试的过程和结果进行分析和建议。
- 视学生具体情况而作专门的评量，或针对困难及障碍进行评量（比如口语评量、数前概念评量等）。
- 根据学生个别化教育需求选用适当教材或作教材调整（选用／修改／重整／简化／替代／补救／实用／矫正）。
- 根据学生个别化教育需求做课堂提问（作业调整／考试调整／评量调整）。
- 能在多种教学形式（集体教学／小组教学／一对一教学）下配入个别化教育学目标。
- 了解学生学习态度（可观察、评量，比如，活动量、注意力、动机、模仿能力、自律能力、听从指令、独立性、耐性、合群程度、学习速度、特殊行为等）。
- 了解学生学习特点（可观察、评量，比如，学习通道／认知阶段／认知历程的特点、活动形式、输出通道等）。
- 为学生作安置服务多元选择（在家／在普通班／普校特殊班／接受巡回资源教师／资源教室）。
- 能做在普通班学习的特殊学生的活动建议（全部活动在普通班／部分活动在普班／个别活动在普班）。
- 能为学生做相关服务的部分转介和支持（语训／动作训练／心理辅导／语文、数学教学，并落实时间频率、负责人等）。
- 能为学生落实学习辅具、沟通辅具等。

- 能做反映全班集体与个别学生需求整合的各类教案（学期长期教案／月周中期教案／单课教案）。
- 能做反映全班及个别学生需求整合的单课教案（集体／小组／个别）。
- 能做各类教学活动的评量项目设计和实施。

（6）实施教学活动。

- 能做全体学生与个别学生需求整合的教学活动实施。
- 能针对学生需求实施个别补救教学活动。
- 能依学生特点实施常用教学法（小步子／多感官学习／四段教学／完整学习／行为塑造）。
- 能依教学目标选用教学法（情景教学／工作分析／直接教学／精熟教学／游戏教学）。
- 能以不同的方式运用教学法（教材呈现方式／协助学生方式／回馈方式）。
- 能采用教与学的有关策略（比如，教师协同教学、学生合作学习）。
- 能采用大单元和一般单元教学策略。
- 能按学习能力与学习态度运用教学策略。
- 能运用有效的学科教学策略。
- 能做整合性教学活动实施。

（7）把控课堂教学现场。

- 能做融合教学现场的环境布置。
- 能做符合该班情况的学生座位的安排。
- 能做好相应教具、学具、辅具的准备。
- 能做教学现场的常规处理。
- 能做教学现场的突发状况处理。
- 能随机应变，顺势利导开展融合教育教学。
- 能从课堂提问、答疑、作业练习、辅导、考试等诸多环节做融合。

（8）评量教学。

- 能做领域课程评量。
- 能做学科课程评量。
- 能做障碍问题评量。
- 能灵活采用多元评量方式，符合学生身心状况。

（二）融合教育中的班主任的工作职责

融合教育中的班主任是一个班级的负责人，要建设一个融合的班级需要营造班级的融合氛围，安排工作内容与活动，协调人际关系，同时需要解决融合中的矛盾与问题。全员参与的融合教育学校靠每一个班级的建设，而班级的建设中班主任工作很重要。

1. 融合教育班主任的工作概述

（1）处理全班普通学生与特殊学生的关系。

融合教育班主任要对全班普通学生进行关照，促进普通学生进步；同时也要对特殊需求学生进行关照，促进特殊学生的进步。

（2）激发全体同学的融合教育观念，形成融合教育行动。

营造形成全班的融合教学班风是班主任的工作要点，通过学生合作、伙伴互助小组开展活动，使普通学生接纳、理解、尊重特殊学生，特殊学生接纳、理解、参与班级小组活动，尊重各位同学。通过上述策略，推进从随班、接纳到融合的渐进过程，还原班级常态。

（3）促进教师的沟通与合作。

由于融合教育的开展，普通教师与资源教师要加强沟通、合作。一方面普通教师向资源教师学习特殊教育的相关知识、技能，获得特殊教育支持；另一方面将日常教育教学的情况告知资源教师，探讨教育教学内容、目标及对策。

（4）建立积极行为支持系统。

融合教育班级教师在全班建立积极行为支持系统，对问题行为进行矫正和处理。

2. 融合教育班主任的具体工作

（1）参与班级特殊学生的个案研讨会。

• 在班级特殊学生个案会上提供学生家庭访谈和学业情况相关材料。

• 亲自参与班级特殊学生的相关观察、评量。

• 与资源教师同为个案登录者和个案会主持人角色。

• 个案会上能对学生的教育建议提供建设性意见。

（2）学生个别化教育计划。

• 是特殊学生个别化教育计划的拟订者之一。

• 在全班学期班级计划当中能纳入特殊儿童的个别化教育计划。

- 对学生个别化教育计划有完整的留存，放入班级资料中。

- 与资源教师同为个别化教育计划的拟订人、督导者。

- 是学生个别化教育计划的重要评议人、修订者。

- 每期定时组织与各学科教师共同交流和讨论本班特殊学生学科学习的专门会议。

- 每期定时组织与资源教师讨论本班特殊学生情绪、行为、学习、生活的专门会议。

- 每期定时组织普教教师、资源教师一起就特殊生成长发展状况及问题讨论的专门会议。

- 能及时调整本班教师之间的关系配合并推进相关工作。

（3）建立特殊需求学生积极行为。

- 找到学生问题行为表现给予行为界定。

- 能分析行为环境，找到行为原因、行为表现和行为结果的相互关系。

- 能与资源教师等人合作，拟订行为改变方案并实施。

- 能作行为评量。

（4）培养学生自我决策能力。

- 将学生自我决策能力培养纳入全班工作计划、特殊学生的个别化教育计划中。

- 每学期班级活动有自我决策内容。

- 每日班级活动有自我决策内容目标。

- 自我决策目标进入评量目标中。

（5）联系家长。

- 能与全班学生家长建立网络或电话联系。

- 能针对学生特殊教育需求进行家庭访谈。

- 开展家庭咨询服务。

- 定期召开家长座谈，交流融合教育议题。

- 每一学期中有与特殊学生家长的面谈。

- 班级中建立家长委员会，并有特殊学生的家长参与。

（6）搭建班级结构。

- 保证班委会及班小组的人员中尽量有特殊学生席位。

- 建立班级融合教育合作或伙伴协作小组。

（7）组织班级活动。

- 保证班级所有例行活动开展均有特殊学生参加。
- 保证融合教育成为班级常规重要构成（如建助学伙伴制、形成互助团队等）。
- 班级每学期均开展融合教育相关活动（如残障认识活动、残障体验活动、角色互换、社会服务与实践、教育导向活动等）。

（8）进行教育协调。

- 依班主任计划和班级实际融合教育情况执行日常班主任工作。
- 了解本班特殊学生的生活及各学科学习状况。

（9）进行班级评价。

- 融合教育项目纳入班级评量项目。
- 学生评量项目中有融合教育项目及内容。
- 班级评优等活动有对融合教育表现好的学生（普通学生、特殊学生）的表扬。
- 开展同学之间的互评（就融合教育相关项目、内容）。

（三）资源教师工作职责

资源教师是在普通教育当中提供特殊教育服务的人，有"支援"之意，指对普通教育的支持，具体为对学校、班级、教师、学生、家长的支持协助；是特殊教育的主要负责人，承担着资源教室的主持人、建设者的责任，要进行资源教室的规划、建设和运用。资源教师是融合教育的宣传者、咨询服务者、学校融合教育的规划决策人，又是融合教育的执行人、协调和合作者。资源教师多由资深特教教师充任，也可由普教教师经培训后担任。资源教师需端正教育态度，教学能力强，努力上进，有创新开拓精神。

1. 资源教师的工作特点

（1）资源教师是一个新的工作岗位。

资源教师在我国属于一个新岗位，在部分学校有专门岗位设置，在多数学校是兼职工作，还有部分学校此岗位空缺。

（2）资源教师肩负众多工作责任。

一所学校的资源教师承担着全校融合教育责任，以全校引领特殊教育专业人员身份开展工作，因而就有了集融合教育宣传、咨询、推进、规划、建设、指导、师资培养、协调、合作、沟通等于一身的教育职责。

（3）服务对象集中而又广泛。

资源教师的主要服务对象是有特殊教育需求的学生，目标明确、集中，针对性强，与此同时，又要对全校全班同学进行知识传递，态度导引，问题解决。因而服务的学生集中而又广泛。

（4）对资源教室进行规划、建设、运用。

资源教师的专职工作是进行资源教室的规划、建设、运用，并开展与之相关的各项工作。

资源教师由特殊教育资源教师、相关服务专业资源教师（如语言治疗、动作治疗、作业治疗师等）、教育技术资源教师担任。在我国具体情况下多为复合型资源教师。

（5）资源教师有多元服务形态。

资源教师的服务有的在资源教室开展，学生到资源教室接受服务，直接接受服务如语训、数学补救教学；也有的向接受服务者提供咨询但不直接教学；有资源教师去到班级协调普教班级老师开展融合服务，还有资源教师到学校、社区作巡回指导，或到家庭作家庭指导。

（6）资源教师需有通识性能力储备。

在融合教育环境里，资源教师必备特殊教育的完备知识与能力，能面对各种类特殊儿童，同时要熟知普通教育教学全部，还需要将特教与普教整合，考虑普教中的特教服务，考虑特教与普教的相互接纳、包容。因此，资源教师不是单纯的特教教师，也不是单纯的普教教师，而是架设普特教双方交融桥梁的人。所以资源教师需由具良好教育态度，有普特教育能力，敢于承担责任，有创新能力的人担任。同时，资源教师是为解决问题而设置的，既要善于发现问题，还要拿出解决问题的对策。

2. 资源教师的工作职责

（1）全面主持学校融合教育工作。

• 在学校领导下，拟订全校融合教育工作计划。

• 主持全校性融合教育活动（例如，电影周、报告会、诗歌朗诵会、助残日活动等）。

• 配合学校相关部门进行无障碍校园环境的规划及改造。

• 争取学校的支持，协助学校各部门（教务、财务、后勤、总务、图书馆等）

开展融合教育工作。

- 为普教教师提供融合教育教学服务。

- 落实本校融合教育班际、校际、国内及国际交流。

- 进行融合教育图书资料及网络建设。

- 在全校开展融合教育咨询工作。

（2）听取、发现并解决问题。

- 做好融合教育学生的校内安置与转介。

- 依学生需求做好学生的校内与校外结合的融合教育转介。

- 依学生需求做好生涯成长的规划。

- 依学生需求做好相关服务。

（3）进行资源教室建设。

- 能担负资源教室主要负责人的职责。

- 能做资源教室规划。

- 能拟订并执行资源教室相关规定。

- 能进行资源教室全面管理。

- 能具体实施资源教室各项工作（设施及设备的落实、人员的落实、工作效绩的落实）。

- 能够进行资源教室评估。

（4）诊断评量。

- 能做社会适应能力测评。

- 能运用多种评量工具对学生做身心发展测评、诊断。

- 能收集并运用多种测评工具对学生做学业测评。

- 能对学生做广域、核心课程评量。

- 能对学生做学科课程评量。

- 能做相关服务诊断评量。

- 能收集并发展动态、生态评量。

- 能依需求选用或自编观察评量。

（5）拟订个别化教育计划。

- 能确定个别化教育个案会流程及项目。

- 能进行个案会所有项目的评量、观察与资料登录。

- 能主持并完成个案讨论会。

- 能参与或主持个别化教育计划会议及个别化支持计划拟订。

- 能参与个别化教育计划拟订并能亲自实施部分目标。

- 能督促并协助个别化教育计划的完成。

- 能对个别化教育计划进行评估并作分析与建议。

- 能做好融合教育学生的个别化教育计划及相关资料管理。

（6）设计与实施教学活动。

- 能从融合教育角度与普教教师设计教学活动或对教学活动提出建议。

- 能对普教教师的单元和一节课设计提出建议。

- 能进入课堂，协助普教教师开展融合教育课堂教学。

- 能对普教课堂教学进行诊断、评价并提出修正建议。

- 能对特殊需求学生做个别补救教学。

- 能将对学生个别补救教学的原则、策略方法与该生教师沟通。

- 能将对学生个别补救教学的原则、策略与该生家长沟通，并将其技术教给家长。

- 能提供给普教教师教学相关信息，并能组织与融合教育教学相关的参访、交流、评课、赛课等活动。

（7）培养学习态度、策略及能力。

- 能与普校教师合作，对学生学习态度、能力进行观察、评量。

- 能针对学生需求和现状制订学习态度、策略和能力的培养计划、方案。

- 能组织相关教学活动培养学生学习态度并得到普教教师及家长支持、配合。

- 能组织相关教学活动培养学生学习策略。

- 能组织相关教学活动培养学生学习能力。

（8）提供积极行为支持。

- 能与教师、家长一起针对学生行为问题进行观察、评估。

- 能与教师、家长合作为学生创设积极行为支持环境。

- 能与教师、家长分享积极行为支持策略与成果。

- 对学生已形成的积极行为有后续的追踪与辅导。

（9）进行心理辅导。

- 能对特殊学生心理进行观察与评估。

- 能对特殊学生进行心理辅导。
- 能在特殊学生所在班级或学校开展心理健康活动。
- 能开展培养特殊学生自我决策能力教育目标的活动。
- 能与家长和教师沟通特殊学生心理健康的问题及策略，且有与他们的合作行动。

（10）提供多元模式服务。

- 进入学生班级提供一般性情景服务。
- 进入学生班级课堂提供教学情景服务。
- 进入学生家庭提供指导服务。
- 进入学生社区生活情景提供指导服务。
- 对学生进行一对一指导。
- 对学生进行小组、班级指导。
- 能做校内与校外巡回指导相结合的服务安排并实施。

（11）提供教康整合相关服务。

- 能依家庭、学校需求为学生作教康整合相关服务与转介。
- 能将相关服务人员信息报告校领导，并配合引进。
- 能与相关服务人员合作，协助其工作。
- 能做相关服务工作的时间、地点、工作效绩等安排与评估。
- 能亲自承担部分教康整合的相关服务工作。
- 能提供给学生无障碍环境建设的支持。
- 能提供给学生、教师、家长科支辅具的支持。

（12）进行融合教育课程的教学。

- 能熟悉普教课程概况。
- 能了解普教各年级、各学科课程及课程标准。
- 能了解特殊教育各种各类课程。
- 能与普教教师做通用课程调整。
- 能依学生需求编制辅助性课程、矫正课程、补救课程等。
- 能与普教教师一起调整融合教育学生的教材。
- 能与普教教师一起调整融合教育学生教学、作业、考试、评估。

（13）提供家长与家庭服务。

- 随时了解融合教育家长需求及存在问题。
- 能为家长提供有关融合教育的政策及法律法规咨询。
- 能帮助、支持家长及孩子对自身权利的了解与维护。
- 给家长提供特殊儿童、特殊教育相关知识。
- 能传授家长教育孩子的策略、方法与部分技能。
- 能沟通家长与教师的相互关系。
- 能给予家长家庭教育建议。

（14）进行教师培训。

- 能对校内普教教师针对融合教育的问题进行讨论和解答。
- 能对本校教师做适合其岗位的融合教育培训。

思考与实践

1. 什么是融合教育？融合教育保障要素有哪些？
2. 你如何看待并处理特殊儿童障碍与潜能并存的关系？
3. 融合教育对教师的工作态度有哪些要求？就你体会最深的一点谈一谈你在工作态度养成上所做的努力。
4. 融合教育的资源教师有哪些工作职责？你对其工作有怎样的建议？
5. 融合教育中的班主任老师有哪些工作职责？你对其工作有怎样的建议？
6. 融合教育中的科任老师有哪些工作职责？你对其工作有怎样的建议？
7. 在融合教育中各类教师如何沟通与合作？谈谈你的想法与做法。
8. 简述融合教育共性和个性的关系，且给出在课程、教材、教学活动设计与实施班级管理所有环节或任一环节处理共性与个性关系的教育教学案例。

第二章

融合教育课程调整

第一节 融合教育课程调整概说

融合教育以学生需求为导向，需要进行课程调整，以开展学生个别化教育教学。

一、课程调整

课程调整指针对融合班的特殊需求学生，为满足其个别化教育需求，对照普通班级课程而做的课程模式选择（含教学组织方式、教学策略、教材选编）和执行。

（一）课程调整模式介绍

邱上贞依照图 2-1 列出了课程调整的模式，结合其他学者的研究归纳了七种课程调整模式，分别介绍如下。

1. 添加式课程

添加式课程指不变动原有课程架构，增加课程内容的难度或扩展其广泛度，甚至特别设计"特殊课程"，如昆虫研究、电脑程序设计、音乐演奏等，以满足特殊学生的需求。这种课程较适合自由度大的学生，或有特殊才能者。

2. 辅助性课程

辅助性课程指不变动原有课程架构，给予一般性课程支持，着重从学习策略上予以支持。例如，动机策略课程、学习策略课程（注意力策略、记忆策略等）、元认知策略课程等。

3. 矫正式课程

矫正式课程指不变动原有课程架构与内容，为落后程度较轻的学生提供的课程，有比一般学生更细化的教学与充分练习机会。这些学生可以学习，只是学习速度较慢，没法赶上总体进度。矫正课程通过科学知识的认知成分分析和解释历程分析而采取相应策略，若能配合其他支持系统，效果会更好。

4. 补救式课程

补救式课程是指加强基本学科，即听、说、读、写、算的训练，较适合于已落后较多的学生。例如一名初一学生的语文程度只在小学三四年级水平，其课程设计及方式应以基础学科为主，将教材难度调整到学生能力，教材内容符合学生生理年龄与心理年龄，与学生的兴趣特点相结合，主要通过课程目标减少分量、降低难度和改写教材来完成。

首先，减少分量，将学习内容较多、较杂、较不常用的内容删除。

其次，降低难度，依据学生情况选编既适合其能力水平又适合其年龄和生活经验的教材，而不局限在不利该生学习的普教教材上。

补救教学应及早开始，从小学至中学可持续进行，既有普通班教师在平常教学中进行，又有资源教师的参与。

5. 适应式课程

适应性课程常用于对学生进行职业教育，根据学生兴趣、职业倾向、融合职业与生活方面的情况，学习适应性强的内容。包括与生活、职业相关的适用性语文、运用性数学、运用性英语等。

6. 补偿式课程

针对中重度障碍、可进入特殊学校或机构但又选择了普通学校的学生，提供的补偿式课程又称功能性课程，强调学习内容与生活密切联系，称为"生活为核心的课程"，包括居家生活、社区生活、职业/学校生活、休闲生活等领域。

7. 相关服务课程

这是针对需进行口语沟通（如聋生、语言障碍学生）和行动有障碍的学生而提供的支持辅助课程，比如语言训练课程、动作训练课程等。

不同学校，不同班级以及不同学生在课程模式选择及调整上应结合实际来进行。

课程调整选择模式详见图 2-1。

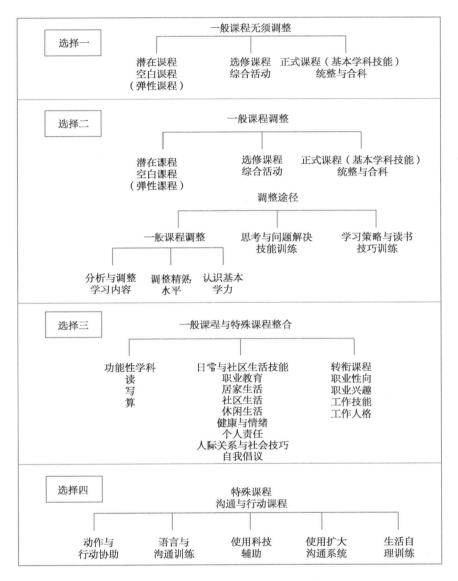

图 2-1　课程调整选择模式（修改自 Bigge,Stump,Spagna, & Silberman,1999）

二、课程调整原则

1. 尽量保持原课程架构

融合状态中的课程调整，因以轻度障碍学生为主，尽量保持原课程架构，有利于全班同学共同成长，也有利于特殊学生的融入，并且是教师最容易接受、便于操作的模式。

2. 以学生需求为主

融合教育中特殊学生与普通学生有差异，主要表现在学科学习尤其是语文、数学学习上的差距，以及在学习策略、自我管理、调控上的问题。所以课程调整模式，即辅助性课程、矫正式课程、补救式课程是常被采用的，因特殊学生各自的需求特点而又有对其他课程模式的选择。一个学生并非只选一种模式，而是可以选择多种。

3. 全面熟悉相关流程内容

特殊学生具有多样化的需求，进行课程调整要熟悉特殊学生的个别化教育计划，同时要精熟普通教育课程标准、目标（各学科、各类课程），还要熟悉适合学生成长、发展的发展性课程，适应性功能教育课程和提倡有关支持服务的课程等，并将这些课程进行整合处理。

4. 关照教育教学全程

课程调整有对普通教育课程标准、结构、内容的分析处理，也有对选定的课程模式的规划，教材处理与教学关系的调整，还有对教学活动设计、实施，教学环境、教学时空和教学资源的整合运用，是对教育教学多方位全程的关照。

5. 开发潜在课程

融合教育除外显课程调整外，对融合的正向影响力带来的宝贵机会和资源也应予充分重视，且有意识地开发并形成合作、互助、共享、互敬、和谐的潜在课程。

6. 运用多种方法

执行课程教材调整常用六种方法：简化、替代、补救、实用、矫治、充实。简化、替代、补救多适用于普通融合班，实用、矫治多适用于特殊学校，充实多适用于培优班。具体执行时，简化常为降低难度，减少教学量；替代进行目标分解，学习替代；补救针对各领域基本知识；实用指教授功能性生活技能；矫治针对各障碍的专门技能；充实指加深难度，增加广度。

第二节　全方位通用课程的设计与运用

全方位通用设计（Universal Design for Learning，UDL）源自建筑学"无障碍环境设计"，即设计出适合最多使用者（含身心障碍者）的建筑物及相关设施。这样的思路和调整在建筑设计时就被整合其中。比如修建斜坡道，既可用于肢体残障者，又可用于老人、孩子，也可为普通人所用，适合最多使用者且具有通用性。

全方位通用设计运用在融合教育中的有关课程、个别化教育计划、教学活动设计与实施、教学环境与评量，从而进入教育教学过程。全方位的通用性是指教育教学无障碍。全方位通用课程设计观运用在融合教育课程中，依据普通教育课程标准，为普通学生服务的同时对课程进行分解、细化和处理，从而让课程有更多的使用者，普通学生和特殊学生均可使用。

一、全方位通用课程设计观念

1. 融合教育中共性与个性、普通与特殊的统一整合

设计兼顾普通学生和特殊学生的实用课程，没有停留于一般意义上对共性的理解或片面的对个性、特殊性的关照，而是采用兼容并包的观念及方法，将共性与个性、普通与特殊整合为一体，服务普通儿童和特殊儿童，考虑最多的使用者。

2. 所有学生都具有本质上的共性，只存在程度的不同

精熟理论认为，任何知识都可以经过组织，用适当的方式教给任何学生，每个学生都能达到某种学习成就，只是每个人所用的时间不一样。强调学习只有程度快慢之分，而没有本质的不同。

3. 体现教育的公正、公平、尊重

通用课程凭借结构化的课程目标系统和与之匹配的评量标准系统，大大增加了课程的教育功能，教学活动实施的导引功能，表现了对特殊学生的尊重和提供有效性服务的追求。

二、全方位通用课程设计理论依据

1. 脑神经科学

辨识系统通过视、听、触、味、嗅感官收集信息，经神经系统达到相应大脑，各区域作出相应的对声音、颜色、形状、方位的区辨及反应。特殊学生可能有某

种感官及神经传导系统的障碍，影响其对声音或形状等事物特性的区辨及反应，课程及教学应通过多感官的训练，调动其尚存能力或通过替代、补偿，促进辨识系统的整合性成长。

策略系统是一个学习，以及认识、理解、发现、解决问题的思维与行动系统，在融合教育中含听、说、读、写、算以及日常生活中的问题对待及解决，涉及感知、思维、行动等复杂的认知神经活动，特殊学生在这一复杂的学习、认知及行动过程当中各方面均可能出现问题，融合课程与教学的全方位设计者应设计支持、协助、替代等方案，如电脑辅助教学、给予沟通图卡、给学生的提示系统建构，满足特殊学生，同时让其他学生也有收益。

情意系统有别于认知系统，是与学生学习直接相关的兴趣、注意、情绪、意志等构成的动力体系，在全方位设计中起重要的指导、推进作用。面对情意系统有障碍者，设计引发学生兴趣、改善学生注意、激励学生情意的活动是很重要的工作。

通用设计课程阐释了三大脑神经系统的特征，并以此作为弹性教学、个别化教学的理论依据。同时，通过对脑神经系统信息处理方式的理解，教师可为指定的教学任务选择适当的教学材料、方法及策略。

2. 最近发展区理论

维果斯基的最近发展区，即儿童独立解决问题的实际发展水平与在成人指导下或在有能力的同伴合作中解决问题的潜在发展水平之间的差距。由于每位学生的能力、学习方式及学习途径均不相同，教学方法也应有所不同，教师该如何就每位学生的个别差异而给予其适当难度的教学目标便显得更为重要。通用设计课程基于支架教学模式，运用数字媒体和辅助技术呈现教材，让学生在最适当的最近发展区中学习。

3. 多元智能理论

在多元智能理论中，每位儿童都各具潜能，儿童的差异仅仅在于学习什么、如何学习和为什么学习，通过教育可以使儿童得到不同程度的发展。在融合教育背景下的通用设计课程正是充分有效地响应和满足儿童发展多元的智能需求，全方位、多角度地评估儿童在各个智能领域的能力，为儿童呈现多元的学习内容，使之能够参与到学习活动中来。

三、全方位通用课程设计的特点

1. 以脑神经科学为基础

基于三大脑神经系统，即人脑辨识系统、策略系统、情意系统的特征，在通用课程设计中，教师在充分了解学生特点的基础上，结合分析其三大脑神经系统的优劣势和兴趣点，设计出具有适应性和调整性的课程。

2. 具有通用性

为了使所有学生都能参与到课程学习中，在课程设计时要通过提供多种信息呈现、表达和参与的方式，使具有不同背景、学习风格和能力的学生，以及各种类型的特殊儿童能够真正获得和理解课程。由此就要求课程具有通用性，信息呈现方式多样化，行为和表达方式多样化，多样化参与方式。而这样的原则体现在课程的系统设计中，降低了学生学习中的障碍，实现对所有学生的通用性。

3. 强调课程设计

通用课程设计的理念认为学生出现学习问题并非完全归因于学生自身能力因素，还在于教育教学出现问题，具体体现在于其课程设计，因此改变学生学习现状应着眼于课程设计。通用课程设计强调课程要根据学生需求与特点进行改变，从课程出发推动特殊学生的融合。而教师在课程设计时应基于对学生的了解、评估，以此来减少随后在教学过程中课程"改装"的困难和代价，增加学生学习的连续性。

4. 重视技术的运用

学习通用设计框架为创造灵活性的课程和教学环境提供了引导，它主要是通过使用技术手段来使所有的学生，包括残障学生，最大化地发挥自己的潜能。通用课程设计要求教师分析学生的学习风格、身心发展特点和知识背景以确定课程内容，选择适当的教学资源与技术呈现给学生。同时，各类需求的学生也借助技术展示在课程中所学到的内容，技术的运用贯穿了课程设计的全过程。

四、通用课程——依工作进入程度作课程调整

接下来我们仅以课程调整为例来介绍全方位课程设计。

重庆师范大学国家社科基金早期干预随班就读课题组于 2007 年对国家课程标准做了较为具体的描述后，依学生的工作进入程度进行了细化。例如，幼儿园中班"科学"课程标准"兴趣与态度"的课标为"喜欢观察周围事物，好奇好问，

有探索兴趣"，可按进入程度分为 0、1、2、3、4 5 个等级，"0"表示不被接受、"1"表示能被接受、"2"表示被动参与、"3"表示主动互动、"4"表示完全学习，具体的内容见表 2-1。

表 2-1　幼儿园中班（科学）课程标准的工作进入程度分析与评量记录

目　标			内　容			
		0	1 能被接受	2 被动参与	3 主动互动	4 完全学习
科学	兴趣与态度	喜欢观察周围事物，好奇好问，有探索的兴趣	○ 不破坏周围环境○	在协助下观察周围事物○	能表达观察到的事物和兴趣○	积极观察周围事物，有较广泛的兴趣○
			○ 不破坏动、植物和周围环境○	在提示下注意动、植物和周围环境○	在提示下关心、爱护动、植物和周围环境○	关心、爱护动、植物和周围的环境○
	感知与经验	会正确运用各种感官感知事物，了解周围环境并获得相关经验	○ 能不乱碰、不乱扔、不排斥，接触常用物品○	在协助下愿意运用多种感官感知事物○	在提示下正确运用各种感官有目的、有顺序地感知事物○	会正确运用各种感官有目的、有顺序地感知事物○
			○ 对四季的变化无大的情绪反应、不破坏环境○	在协助下会对四季变化做出反应○	在提示下回答四季与人们生活、生产的关系○	知道四季特征，了解环境与人们生活、生产的关系○
			○ 能不乱碰、乱扔、排斥，接触科技物品○	在协助下使用常用的某些科技产品○	在提示下使用某些常用的科技产品○	感受某些科技产品与人们生活的关系○
			○ 对周围事物的变化无大的情绪反应○	在协助下对事物的变化做反应○	在提示下观察简单事物变化○	观察简单事物变化，获取感性经验○
科学	思维与操作	有初步的概括、判断推理和解决问题的能力，会使用材料、工具进行各类操作活动	○ 能静坐，不破坏玩教具○	能在协助下分类或按规律排列物品○	能模仿或在提示下分类或按规律排列物品○	会比较物体的不同特征和物体间量的差异。会按一个维度对物体进行多角度逐一分类。能按规律排序○
			○ 能静坐○	能在较多协助下操作 5 以内数概念的学习○	能在提示下模仿操作 10 以内基数、序数等数概念的学习○	理解 10 以内基数、序数的意义○
			○ 遇事能够不发脾气，情绪稳定○	能够在协助下让别人了解问题并且在协助下解决问题○	能够在提示下表达出问题，并在提示下尝试找问题解决的办法○	遇事能想办法解决○
			○ 不破坏玩教具○	会在协助下用别人提供的东西进行简单的操作活动○	能够在协助下寻找使用玩具、学具、材料和工具进行操作活动○	会寻找使用玩具、学具、材料和工具进行操作活动，会做简单的小实验○

续表

目　标			内　容			
		0	1 能被接受	2 被动参与	3 主动互动	4 完全学习
科学	想象与创新	能大胆想象，有求新求异的意识	没有问题，没有见解，不用哭闹的方式来解决问题○	在协助下做与别人相反的动作或回答○	在提示下能有相反、联想的构想○	能进行相反、接近联想，希望与别人想得不同○
			没有问题，没有见解，不用哭闹的方式来解决问题○	依据别人的方法解决问题○	在提示下尝试多种方法○	愿意通过多种方法求得答案，并大胆发表自己的见解○

○ ×0   ○ ×1   ○ ×2   ○ ×3   ○ ×4

[　] + [　] + [　] + [　] + [　] = [　]

幼儿姓名：_____　　　　性别：_____　　出生日期：_____

评量日期：第一次（_____色笔）___年___月___日

　　　　　第二次（_____色笔）___年___月___日

　　　　　第三次（_____色笔）___年___月___日

四、完全学习	52	48	88	36	32	256
三、主动互动	39	36	66	27	24	192
二、被动参与	26	24	44	18	16	128
一、能被接受	13	12	22	9	8	64
层次	1.健康	2.科学	3.社会	4.语言	5.艺术	总计

图 2-2　幼儿园教育课程评量结果侧面图（□班）

评量分析：_____

_____

建议事项：_____

_____

决定事项：_____

_____

五、通用课程——双向度分层课程调整与评估

（一）形成小学初段语文、数学课程的评估表

课程可以由上而下发展或由下而上发展。由上而下发展是指由专门的课程专家、学科专家等人组成课程编写小组，根据学科的体系和儿童的发展编写课程内容。由下而上发展主要是指从现有的教科书、参考资料分析、归纳、总结课程目标和成果。这两种课程发展方式各有优缺点。因此，本课程调整结合由上而下发展和由下而上发展两种方法，除了分析国家颁布的语文、数学等课程大纲，还结合实际的教材，分析课程，归纳出具体的课程目标，形成课程评估表。

（二）形成随班就读课程的调整标准和评估方法

综合比较多种课程调整标准，本课程调整采用1、2、3、4作为课程调整的等级。

等级1表示具备相关知识，此等级的目标主要是在学生不太会学习的情况下，老师能够结合课程内容，提供一些相关的学习目标，让学生可以参与学习，获得自己的发展，不至于因为学不懂课程目标内容而出现情绪和行为问题，或者在教学过程中无所事事。

等级2表示能关注和参与学习，掌握最基础的知识。学生基本能够参与到课程目标对应的教学活动过程中去，但是只能掌握一些基础的知识。

等级3表示能参与学习，掌握大部分知识。学生能参与到学习中去，但是对于一些难点和学生自己基础比较薄弱的环节，难以掌握。

等级4表示能完全投入学习，掌握全部知识。这是和普通学生相同的目标，也是语文、数学课程的评估标准目标。

根据此标准调整好普通课程后，融合教育教师可以此对学生进行评估。评估的时候，从最高一个等级，即从等级4开始，如果学生的能力已经能达成等级4，则不需要再对3、2、1进行评量，表明学生已完全达成此项能力，在此目标学习时可以继续提升学习的难度或者拓展知识的应用等，可以结合学生情况进一步制订目标。

如果学生的能力没有达到等级4，则看学生的能力有没有达到等级3，如果学生能力已经达成等级3，则不需要对等级2、1评量；如果没达成等级3，则再评估等级2。以此类推，最终评出学生的基础能力在哪一个阶段，就在那一个阶段上做标记。

确定好学生的基础能力阶段后，紧随其后的更高等级就可能是学生下一个阶段需要学习的能力和达成的标准。如果经过评估学生连等级 1 都没有达到，则需要根据学生的能力进一步分析这个相关知识前面的学科基础的知识，确定学生是否掌握了前面的知识，最终找到学生的学习起点，形成学生的目标。如果学生学习此课程实在有非常大的难度，为了帮助学生发展和促进他们的自信心，也可以提供平衡课程或者替代课程。但是特别注意的是，尽量提供相关课程，让随班就读学生参与学习，有发展能力的机会。

当然，由于每一个学生的个体和学习特点不同，等级的分类不一定完全和每个孩子的基础能力相同，接下来的等级目标也不一定完全适合每个孩子下一阶段学习。因此，修改后的课程只是一个基础的课程评估，供老师参考。在实际使用调整后的课程评估表时，老师一定要注意将课程标准的评估与动态评估结合起来，并结合学生的实际情况考虑，拟订学生的个别化学习目标。

（三）根据课程调整标准调整课程

首先，将此课程调整标准应用到已整理好的学期语文课程评估表和学期数学课程评估表，依据此课程标准，将每一个课程目标进行细分。从前面形成的语文、数学课程评估表的具体目标出发，先将课程评估表里的目标定为等级 4 的目标，然后思考：如果学生在学不会此目标的时候，能学习一些什么样的相关目标？或者能学习一些什么样的基础目标？将这些目标作整理，形成等级 1 的目标。在确定等级 4 目标和等级 1 目标的基础上，将介于两者间的学习内容进行细分，分为两个标准目标，即等级 2 和等级 3。最后将 4 个等级的目标再排列起来，检视它们是否符合最初的确定标准，两者之间是否有联系，它们的分界是否清楚。如果有问题要马上对调整目标进行修改。

在按照标准调整语文、数学课程评估表时，主要从目标难易程度分析和目标协助程度分析这两个维度进行，根据目标的不同特点而选择相应的调整维度。

采用目标难易程度分析调整课程的例子如下：

原始目标是能认读韵母，将原始目标一级一级降低难度，就得到 4 级目标：等级 4 是能认读韵母；等级 3 是能认读大部分韵母；等级 2 是能认读少部分韵母；等级 1 是能模仿读韵母。

采用目标协助程度分析调整课程的例子如下：

原始目标是能在方格纸上画出简单的轴对称图形。将原始目标一级一级地增加协助程度，得到以下 4 级目标：等级 4 是能在方格纸上画出简单的轴对称图形；等级 3 是能在提示下在方格纸上画出简单的轴对称图形；等级 2 是能协助下在方格纸上画出简单的轴对称图形；等级 1 是能在方格纸上画出图形的另外一半。

以下是赵婕所做的语文、数学课程调整示例。

表 2-2　小学随班就读语文一年级上册课程评估表

学生姓名：_____出生年月：_____性别：_____所在班级：_____

第一次评量时间：_____评量人：_____

第二次评量时间：_____评量人：_____

序　号	课程目标	课程评价	备　注
1	汉语拼音		
1.1	能认读声母		
1.2	能认读韵母		
1.3	能认读声调		
1.4	能认读整体认读音节		
1.5	能拼读音节		
1.6	能书写声母		
1.7	能书写韵母		
1.8	能书写音节		
1.9	能借助汉语拼音识字		
1.10	能借助汉语拼音纠正发音		
1.11	能借助汉语拼音用普通话表达		
2	识字与写字		
2.1	能认识常用汉字 400 个		
2.2	能写常用的汉字 100 个		
2.3	能掌握汉字的基本笔画		
2.4	能按笔顺规则写字		
2.5	能正确、端正、整洁写字		
2.6	能有正确的写字姿势和写字习惯		
3	阅读		
3.1	能对阅读产生兴趣		
3.2	能用普通话正确、流利地朗读课文		
3.3	能借助读物中的图画阅读		
3.4	能与他人交流读物中感兴趣的内容		

序　号	课程目标	课程评价	备　注
4	口语交际		
4.1	能用普通话表达		
4.2	能注意倾听别人讲话		
4.3	能了解别人讲话的主要内容		
4.4	能积极大方地与人交流		
4.5	有表达的自信心		
5	综合性学习		
5.1	对周围事物有好奇心		
5.2	能就感兴趣的内容提出问题		
5.3	能结合课内外阅读，共同讨论		
5.4	能结合语文学习，观察自然，用口头或图文等方式表达自己的观察所得		
5.5	能热心参加校园、社区活动		
5.6	能结合活动，用口头或图文等方式表达自己的见闻和想法		

注：“√”表示能够达成的目标等级；“★”表示连等级一的目标都不能达成，需要提供其他目标；“×”表示虽然后面
　　一个等级的目标达到，但是前面一个目标等级还未达成。

表 2-3　小学数学一年级上册课程评估表

学生姓名：_____出生年月：_____性别：_____所在班级：_____
第一次评量时间：_____评量人：_____
第二次评量时间：_____评量人：_____

序　号	课程目标	课程评价	备　注
1	数与代数		
1.1	能熟练地数出 20 以内的物体的个数		
1.2	能区分几个和第几个		
1.3	能掌握数的顺序和大小		
1.4	能掌握 10 以内各数的组成		
1.5	会读 0~20 各数		
1.6	会写 0~20 各数		
1.7	能知道加、减法的含义		
1.8	能了解加减法算式中各部分名称		

续表

序　号	课程目标	课程评价	备　注
1.9	能初步知道加法和减法的关系		
1.10	能计算一位数的加法		
1.11	能计算 10 以内的减法		
1.12	能根据加法的含义和算法解决一些简单的实际问题		
1.13	能根据减法的含义和算法解决一些简单的实际问题		
1.14	认识符号"＝""＜""＞"		
1.15	会使用"＝""＜""＞"表示数的大小		
1.16	能初步了解钟表，时针和分针等		
1.17	会认识整时和半时		
2	空间与图形		
2.1	能认识长方形、正方形、三角形和圆		
2.2	能认识长方体、正方体、圆柱和球		
3	统计与概率		
3.1	能初步了解分类的方法，会进行简单的分类		

注："√"表示能够达成的目标等级；"★"表示连等级一的目标都不能达成，需要提供其他目标；"×"表示虽然后面一个等级的目标达到，但是前面一个目标等级还未达成。

第三节　辅助课程支持

辅助课程有很多种，本书仅以小学—初中生日常行为及生活能力教育课程为例说明。

一、小学—初中生日常行为及生活能力教育课程

（一）小学—初中生日常行为及生活能力教育课程简介

学校教育和班级管理的目的之一是培养学生的适应能力。为了配合小学生、中学生行为规范的实施，本文对简明的行为规范作了细致化分析，称为小学—初中生日常行为及生活能力教育课程，以目标系统方式呈现，意在给教学双方以内

容和评价的参考。

课程分为日常生活和适应能力两大领域，突出以生活为核心的适应能力培养。

表2-4 小学—初中生日常行为及生活能力课程

日常生活领域	
饮食	饮食技能、对食物的知识、饮食规范
衣着修饰	衣着修饰技能、衣着修饰常识、衣着修饰常规
仪表举止	行、坐等
卫生健康	如厕、洗手、口腔、洗脸、洗澡、洗头、剪指甲、用眼卫生、睡眠、饮食、穿、公共卫生、生长发育、青春期、体育锻炼、心理卫生
安全	防火、用电、交通、用药、游戏运动、特殊场景、其他突发或特殊情况应对
娱乐	娱乐形式、娱乐能力、娱乐中互动、娱乐常规、娱乐品质
适应能力领域	
适应自然环境	认识环境、对待环境
适应家庭及邻里环境	家庭角色认识、与家庭成员相处、承担家庭事务、劳动技能、认识邻里、邻里相处
适应学校环境	认识环境、执行学校常规、学习能力培养、活动能力培养、品行修养
适应社会环境	认识社会环境、利用相关设施、了解民俗风情、会用礼貌用语交谈、交往

适应能力的培养是在生活场景中随时随地进行。最好的适应性教育首推自然情景，即真实的家庭生活、学校生活和社区生活。特殊儿童适应能力培养与普通小学生、初中生并无二致。在此提供的课程供特殊教育班级管理者参考，执行中根据具体的环境、个体情况过行分析，形成自然支持系统。

（二）小学—初中生日常行为及生活能力教育课程文本

表2-5 小学—初中生日常行为及生活能力课程*

代 号	训练内容	评 量		备 注
1.1	饮食▲			
1.1.1	饮食技能▲			
1.1.2	对食物的知识▲			

---

* 表2-2为缩略表，完整文本请扫封底二维码获取。

续表

代　号	训练内容	评　量				备　注
1.1.3	饮食规范▲					
1.2	衣着修饰▲					
1.2.1	衣着修饰技能▲					
1.2.2	衣着、修饰常识△					
1.2.3	衣着修饰常规▲					
1.3	仪表举止▲					
1.3.1	行▲					
1.3.2	坐▲					
1.3.3	公共场所▲					
1.4	卫生、健康▲					
1.4.1	如厕▲					
1.4.2	洗手▲					
1.4.3	口腔▲					
1.4.4	洗脸、脚▲					
1.4.5	洗澡、洗头▲					
1.4.6	剪指甲▲					
1.4.7	用眼卫生▲					
1.4.8	睡眠▲					
1.4.9	饮食▲					
1.4.10	穿▲					

二、其他自编课程

针对融合教育中的特殊需求学生而做的学习策略和沟通、适应能力等培养，在正式课程之外还有辅助课程，多由教师自编。这对融合教育中特殊需求学生有更适合个别化成长、发展的支持作用。

融合教育中特殊教育需求学生学习适应辅助课程纲要

一、学校适应

（一）熟悉学校环境

①功能教室（班级教室、音乐教室、机房等）　　②厕所

③食堂　　　　　　　　　　　　　　　　　　④图书馆

⑤医务室　　　　　　　　　　　　　　　　　⑥门卫

⑦运动场　　　　　　　　　　　　　　　　　⑧办公室

（二）遵守学校常规

①时间常规　　　　　　　　　　　　　　　　②空间常规

③行为规范（校纪、校规）

（三）人际沟通

①基本沟通　　　　　　　　　　　　　　　　②情绪沟通

③冲突沟通

（四）参与活动

①班级活动（上课、娱乐活动、课间活动、大扫除等）

②学校活动（升旗、庆典、文体活动、大课间、外出参访等）

（五）品行

①尊重　　　　　　　　　　　　　　　　　　②公正、公平

③感恩　　　　　　　　　　　　　　　　　　④诚信

⑤责任

二、学习策略

（一）基本学习能力与态度

①概念　　　　　　　　　　　　　　　　　　②学习动机

③注意力　　　　　　　　　　　　　　　　　④记忆力

⑤听从指令　　　　　　　　　　　　　　　　⑥模仿

⑦适应力　　　　　　　　　　　　　　　　　⑧合群

⑨独立　　　　　　　　　　　　　　　　　　⑩耐性

⑪自律

（二）学习策略

1.阅读问题的处理

（1）初读全文，找出生字

（2）阅读品质（不丢字、不添字、不替换、不倒字、不错字、不停顿、声音和语速正常、有感情、提出问题、摘要重点、顺序、归纳主题）

（3）澄清问题，体验感情、养成好的阅读习惯

2. 书写问题的处理

（1）书写姿势（一拳、一寸、一尺）

（2）笔画结构与技巧

①模仿书写（连线、描红、标记易错部位、示范书写）

②理解字义　　　　　　　　　　　　　　③分析字形结构

④类聚比较（同音、形近）　　　　　　　⑤查字典

⑥积极订正

（3）书写速度

（4）书写整齐

3. 写作文的处理

（1）正确使用语法

（2）正确使用标点

（3）逐渐增加段落句子数量和长度

（4）写日记

（5）看图说故事

（6）写提纲

（7）开头句、主题句、结束语、

（8）修改作品

4. 算术与数学问题的处理

（1）利用实物和图形

（2）以字词、图形、符号或等式来简化问题

（3）以不同方式提出问题

（4）计数策略

（5）应用题解题策略

①阅读问题　　　　　　　　　　　　　　②分析问题

③拟订计划（根据已知或所求条件，列出算式）

④执行计划（以各种方式计算正确答案）　⑤验证答案

⑥实际动手操作、反复练习　　　　　　　⑦进行元认知技能的训练

（三）自我引导

①自我引导　　　　　　　　　　　　　　②自我规划

③自我评价　　　　　　　　　　　　　　④自我调控

⑤自我增强

社会技巧训练课程 *

一般普通班教师所需面对的特殊学生的学习问题，可能不只学科方面，还有行为问题以及社会适应方面的困难。因此，普通班教师们可能也需要提供这方面的教学。

一、基本沟通

（一）倾听一：倾听

　　1. 我看着对方

　　2. 我表现专心听话的样子

　　3. 我听到对方说什么

　　4. 说出我听到的重点

（二）倾听二：表达

　　1. 我表现专心听话的样子

　　2. 我听到对方说什么

　　3. 我什么时候可以说

　　4. 说出我听到的重点

（三）发问

　　1. 我要知道什么

　　2. 我要问谁

　　3. 用什么方式问

　　4. 在什么时间问

（四）标定情绪

　　1. 看看他

　　2. 听听他

　　3. 为情绪命名

（五）标定他人的情绪

　　1. 表达情绪的方式

　　2. 反应对方的情绪

　　3. 核对对方的情绪

（六）如何表达自己的情绪

　　1. 标定情绪

　　2. 表达情绪的目的

　　3. 不同表达方式的可能后果

---

*　资料来自洪俪瑜

4. 评估最符合目的的方式

5. 我决定表达绪

（七）表达对他人的情绪的了解

1. 揣摩他人的情绪

2. 有哪些方式可以表达我对他人情绪的了解

3. 表达我对他人情绪了解的目的

4. 评估各种表达方式的后果

5. 选择表达的方式

二、情绪处理

（一）表达对他人的好感

1. 辨认好感的感觉是什么

2. 我要表达好感的目的

3. 我可以用什么方式

4. 评估不同表达方式的后果

5. 选择表达的方式

（二）处理自己的愤怒

1. 看看自己、听听自己

2. 停下来、冷静一下

3. 想一想我可以做什么

4. 我决定怎么做

（三）处理他人的愤怒

1. 确定对方是否生气

2. 表现专心听话

3. 想一想我可以怎么做

4. 我决定怎么做

（四）处理自己的焦虑

1. 确定自己是否紧张

2. 我在紧张什么

3. 想一想我可以怎么做

4. 我决定怎么做

（五）奖励自己

1. 找出自己值得鼓励的事

2. 决定一件值得鼓励的事

3. 口头奖励自己

4. 想一想还有什么奖励的方式

5. 我决定如何奖励自己

三、冲突处理

（一）如何抱怨

1. 我对什么事不满

2. 是谁引起我的不满

3. 向别人表达不满的方式

4. 提出我个人对此问题积极的建议

5. 询问对方的感受

（二）处理抱怨

1. 倾听抱怨的内容

2. 询问不了解的地方

3. 同理对方的情绪

4. 想出可能解决的方式

5. 选择解决方式

（三）处理抱怨——协商

1. 判断自己是否与他人意见不一致

2. 用友善的方式说明自己对问题的看法

3. 询问对方的看法

4. 讨论可能的方式

5. 决定处理的方式

（四）处理嘲笑

1. 判断别人是否真的在嘲笑我

2. 处理嘲笑的理由

3. 处理嘲笑的方式

4. 选择处理的方式

（五）避免卷进麻烦

1. 评估事情的正负后昊

2. 决定要不要避开这件事

3. 如何避开的各种方式

4. 决定避开的方式

（六）处理别人打我的小报告

  1. 判断他人报告的事情是否属实

  2. 对方打小报告的理由

  3. 处理打小报告的方式

  4. 决定处理的方式

（七）处理团体压力

  1. 团体是否给我压力

  2. 团体要我做什么

  3. 自己想做什么

  4. 拒绝团体压力的方式

  5. 决定处理团体压力的方式

学习策略训练课程 *

第一课 积极正向的我：自我肯定与学习动机

1. 天生我材必有用，而且每个人都是独一无二的

　　每个人都有许多优点，也有一些缺点。

　　优点要尽量发挥，缺点也可以克服。

　　我会欣赏我自己的优点，也能接受自己的缺点。

2. 每个人都有学习能力，但是绝大多数的人却没有充分运用它

　　智力测验并没有测量我们人类所有的能力。

　　我会告诉我自己，我是有学习能力的。

3. 成功的定义是完成自己预定的目标

　　只要我设定合理的目标，并且全力以赴，我便有信心完成目标。

　　我不受过去失败的影响，重新开始探讨失败原因，并且想办法克服它。

　　我不必太在乎别人对我的看法，我跟自己预定的目标比，并且让自己有成功的机会。

4. 期待收获，才会产生耕耘的意愿

　　假如我常常说"我不会"，那么我可能就永远不会了。

　　我会更好！

　　如果我能走，我就不要站着不动。

　　如果我能跑，我就不要只用走的。

　　如果我能飞，我就不要只用跑的。

5. 书读得好不好，我有责任

　　失败是因为读书方法不适当，而读书方法是可以学的。

　　失败是因为努力不够，而努力是意志力可以控制的。

　　失败也有可能是外界环境因素造成的，我可以设法排除外界环境因素的干扰。

6. 兴趣是成功第一步，而兴趣是我的责任，没有人可以替代

　　把基础打好，学习乐趣自然增加。

　　不喜欢的科目，要找出不喜欢的原因并且克服它，以培养兴趣。

　　任何学科都可以帮助我们成长，获取知识，提高生活品质。

7. 主动学习效果最好，而只有我才能成为主动的学习者

　　准备好自己，随时主动出击：

　　身体状况——健康、营养、休息。

　　心理状况——注意力集中、快乐的心青、适度的焦虑、培养好奇心、愿意接受挑战。

---

* 邱上真，2002 年编

学习状况——请教老师、同学，不让困难累积。

8. 有意义的学习是最好的学习

将原来认为没有意义或枯燥无味的学习教材赋予意义。

与过去的学习产生连结；与日常生活产生连结；与未来的理想产生联想。

9. 签订自我契约书

我将锻炼自己，使自己坚强而自知弱点。

我将锻炼自己，使自己自信而不馁。

我将锻炼自己，以行动代替愿望。

我将锻炼自己，使自己能控制自己。

我相信，此时此刻乃是我生命的转折点，掌握此时此刻。促使我激励奋发。

我愿虔信斯言，努力不懈。

谨签此约交付 _____ （签上你的名字）

_____ 年 _____ 月 _____ 日

第二课 控制自如的我：自我经营策略

1. 自我观察

利用自己跟自己对话的方式，检测并描述自己的所作所为以及内心的想法。

例如：我现在正在做什么？想什么？

我现在正在注意听老师讲话。

我现在正在计划星期天要去哪里玩。

我的工艺很好，我的记忆力很强。

2. 自我分析

分析自己会产生某种行为或想法的可能原因。

物理环境因素：气温、噪声、房间布置、书桌摆设

社会人际因素：父母、兄弟姐妹、师长、同学

自我内在因素：动机、情绪、身体状况

3. 自我记录

将自己的行为或想法有系统地记录下来，包括次数、强度、时间长短。

4. 自我计划

从短期计划到长期计划，

我想要做的事，

我想要改变的行为，

时间表，

使用的方法。

5. 自我标准

制订合理的目标。

预定要达到的标准。

6. 自我改变

付诸行动去操控自己的反应，使好的行为产生，不好的习惯不再发生。

7. 自我评鉴

自己有没有按照预定的计划去做？

自己有没有达到预定的目标或标准？

所使用的方法有没有效？要不要改变？

所规定的标准合不合适？要不要改变？

8. 自我增强

肯定自己的努力，奖励自己。

我喜欢得到什么样的奖励？

称赞自己。

得到自己喜欢的东西。

做自己喜欢的活动。

• 自我管理策略在学习上的应用

①我会为自己制订一个读书计划。

②我会检查自己是否有按照预定的计划读书。

③我会为自己制订一个想要达到的目标。

④我会为自己发展一套有效的读书方法。

⑤我会因为科目不同，而调整我的读书方法。

⑥我会因为考试方法不同，而调整我的读书方法。

⑦我会检查我的读书方法是否有效。

⑧当我不能达到预期的目标时，我会调整我的读书计划或读书方法。

⑨当预期的目标达到时，我会称赞或奖励自己。

⑩我会把时间花在重要但不容易记住的教材上。

⑪读书时，我会检查一下是否把我认为应该记住的教材记住了。

⑫当我看不懂课文或问题解不出来时　我会想办法。

●自我经营计划方案

①我想要改变的行为（增加／减少）。

②目前的状况（次数／强度／时间长短）。

③计划用什么方法改变。

④预定达到的目标。

⑤计划实施的情形。

⑥有没有达到预定的目标。

⑦自我增强的方式。

思考与实践

1. 什么叫全方位通用课程设计？

2. 按照通用课程设计与调整的方法，结合一门课程标准进行普通课程调整。

3. 为融合教育班的特殊需求个案设计并实施辅助性课程、矫正式课程、补救式课程或适应性课程等。

第三章

融合教育教材编选与作业、考试调整

第一节　教材选编

一、教材选编

一般来说，教材有广义和狭义之分，广义教材指教育过程中的教学内容和教学活动，比如，教科书、教学指导书、教学参考书、练习册、教具、学具、教学辅助读物、音乐资料、教学媒体、课件等。狭义的教材指教科书，这里取教材的狭义。

教材是教学内容的媒介和材料，为实现教学目标和教学计划（含学生个别化教育计划），考虑了学生心理特点、认知特点。教师、学生通过教材进行教学活动。

（一）融合教育教材的特点

面向生活。融合教育教材注重结合学生生活，开发取自生活的教材，尊重学生的生活经验。同时在普教教材的统领下，开发多元教材。

教材的知识逻辑与学生心理特点相结合。融合教育教材要依循知识、生活的逻辑及基本规律，遵守学生学习的心理发展规律。

教材要满足学生个别化教育的需求。教育教学活动的设计可以有共同的教材，也可以有不同的教材，视学生个别化教育的需求而定。学生的个别化教材的编选，要在个别化教育计划拟订（以及教学活动总计划、月、周计划）以后进行，而不是教材先行。在普通教材基础上补充，并且融入辅助性支持性教材进入。

师生互动共建教材。师生在教学活动的互动中相互影响、共同协商，创生出新的、有生命力的活动性教材，充分发挥了师生双方的主动性，改变了教师备课备教材、教学讲教材，学生学教材、考教材的被动教学活动。

促进全人发展。教材不只是单纯的知识传递，还包括情感、意志力和创新精神的培养，实现全面发展目标。

（二）教材编选的需求

- 教材内容准确、精练、科学，对学生终身发展都有用。
- 合乎国家课程改革基本精神及趋势，从理论及实践入手提炼出相关课程内容。
- 合乎学生个别化教育需求，选编结合。
- 教材编选由浅入深，既有本学科、本领域的内容，又有各学科、各领域间的联系；既突出各科目的特色，又应注意教材整体感。
- 教材内容能引发学生学习的动机、兴趣。
- 教材呈现应吸引学生，使学生容易进入学习状态。
- 教材印制美观、整洁、规范、合乎卫生标准。

（三）教材的选用、修改、重整

选用：这是指运用现成教材，包括普教教材、已编好的专项教材和预先编好的地方校本教材。

修改：当特殊学生学习现成教材有困难时，教师需对教材作修改。常用简化、替代、补救、实用、矫治、充实等方法进行。

重整：如前所述，在学生个别化教育计划（教育总计划、月计划、周计划）以后，确定教材类别是单元教材还是分科教材。然后根据相关教学总计划、参考月周计划，详尽分析各主题，着手编辑。编辑中应注意教材类别，因类别不同而各有特点。融合教育的教材应注意学生的学习特点与能力，再决定教材的呈现形式。注意教材的顺序，使之具有内在的逻辑联系。教材力求吸引人，注意装帧及色彩，印刷也要清楚、规范。

二、教材调整处理步骤

（一）全册分析

只有通读教材，从总体上读懂教材的体系及每一章的结构（包括认知结构和能力训练结构），才能把握好每一章、每一课的教学目标。

在教材处理时首先应认真研究教材的内容和逻辑顺序。小学语文第十二册为例进行分析。

表 3-1 小学语文第十二册课程目标分析

单 元	一	二	三	四	五	六
篇目	三篇精读课文，两篇略读课文，一个积累运用	两篇精读课文，一篇略读课文，一则读写例话，一个积累运用	三篇精读课文，两篇略读课文，一个积累运用	两篇精读课文，两篇略读课文，一则读写例话，一个积累运用	两篇精读课文，一篇略读课文，一个积累运用	一篇精读课文，三篇略读课文，一个积累运用
知识点	学会 17 个生字新词，培养学生独立阅读思考的能力	学会 19 个生字新词，通过认真阅读，感受人物的伟大人格，领悟广交朋友的人生态度，并学习搜集资料	学会 20 个生字新词，通过阅读，体会我国悠久的历史和灿烂的文化，培养借助资料独立阅读古代作品的能力	学会 10 个生字新词，在阅读的基础上展开联想，感悟人物的美好心灵，认识时光短暂，珍惜生命	学会 20 个生字新词，初步了解外国文学，感受其精神，继续培养独立阅读和联想的能力	学会 14 个生字新词，初步了解古代文学作品，综合运用已有的阅读能力和方法独立阅读思考并与同学合作探究
本册教学主要目标	• 在语言文字训练过程中使学生受到品德教育 • 学会 100 个生字，能联系上下文、结合生活实际或查字典理解词语的意思，绝大多数能在口头或书面表达中运用 • 能正确、流利、有感情地朗读课文，背诵指定的课文，并在阅读中把握文章的主要内容，体会文章的思想感情 • 养成阅读课文的习惯 • 能清楚表达自己的意见，有条理，语气、语调适当 • 能抓住重点观察事物，养成勤于观察和乐于动笔的习惯；能写简单的纪实作文和想象作文，内容具体，感情真实，有一定条理 • 能写书信和其他常见的应用文，练习修改作文					

由于这是六年级下期，教材在编排上很注重学生独立阅读和思考能力的培养，体现了从独立阅读到扩展阅读内容，再到阅读能力和方法的综合运用这样一个循序渐进的过程。这为处理教材奠定了基础。我们结合学生的实际情况，将随班就读学生必须掌握的知识、教学目标列成一个表，如表 3-2 所示。

表 3-2　随班就读学生全册语文教学目标

随班就读学生全册教学主要目标	·在语言文字训练过程中使学生受到品德教育 ·学会 80 个生字，能结合生活实际或查字典理解部分词语的意思，绝大多数能在口头运用，少数能在书面表达中运用 ·能正确、比较流利地朗读课文，经提示背诵指定的段落，并在阅读中把握段落的主要内容，在教师的指导下体会文章的思想感情 ·阅读难度适中的课文 ·能讲清楚自己的意思 ·能有顺序地观察事物，养成勤于观察思考、乐于动笔的习惯，能写简单的纪实作文，感情真实；能写书信和其他常见的应用文；在教师的指导下练习修改作文

经过处理的全册教学主要目标就体现了差异性，为处理本册教材提供了指导。

（二）单元的分析

在了解教材的宏观结构后，重点要调整单元教学内容。下面以单元一为例，分析教学目标。

表 3-3　单元一的教学目标

单元的内容和要求	特殊学生的内容和要求
本单元有五篇文章和一个积累运用，有回忆录、演讲稿、现代诗等。要求掌握 17 个生字新词，尽量让学生独立阅读思考，放手让他们自学，不懂的和同学讨论，从而进一步提高自学能力	本单元有五篇文章和一个积累运用，有回忆录、演讲稿、现代诗等。要求掌握 13 个生字新词，在教师和同学的帮助下回答一些简单的问题，能读懂部分段落

本单元开始注重学生独立阅读能力的培养，随班就读学生很难做到这一点。教学中先将教学目标定为在教师、同学的帮扶下进行阅读的能力训练，删去本单元中一些随班就读学生难以理解的内容和要求。比如第一篇《卜算子·咏梅》，随班就读学生只需要理解词赞扬了梅花不畏严寒、傲雪绽放的特点即可，不需要联系时代背景理解和感悟毛主席的革命乐观主义精神。而课后附的一首陆游词《卜算子·咏梅》，针对随班就读学生特点改为更容易的古诗《梅花》：

梅花

墙角数枝梅，

凌寒独自开。

遥知不是雪，

为有暗香来。

（三）篇章分析

下面以《金色的草地》一文为例进行篇章分析。

金色的草地

我们住在乡下，窗前是一大片草地。草地上长满了蒲公英。当蒲公英盛开的时候，这片草地就变成金色的了。

我和弟弟常常在草地上玩耍。有一次，弟弟跑在我面前，我装着一本正经的样子喊："谢廖沙！"他回过头来，我就使劲一吹，把蒲公英的绒毛吹到他的脸上。弟弟也假装打哈欠，把蒲公英的绒毛朝我脸上吹。就这样，这些并不引人注目的蒲公英，给我们带来了不少快乐。

有一天，我起得很早去钓鱼，发现草地并不是金色的，而是绿色的。中午回家的时候，我看见草地是金色的。傍晚的时候，草地又变绿了。这是为什么呢？我来到草地上，仔细观察，发现蒲公英的花瓣是合拢的。原来，蒲公英的花就像我们的手掌，可以张开、合上。花朵张开时，它是金色的，草地也是金色的；花朵合拢时，金色的花瓣被包住，草地就变成绿色的了。（我知道草地为什么会变颜色了。）

多么可爱的草地！多么有趣的蒲公英！从那时起，蒲公英成了我们最喜爱的一种花。它和我们一起睡觉，和我们一起起床。

1. 课文结构

课文结构可以简单分析为：

草地、蒲公英——与弟弟在草地上快乐地吹蒲公英——早上草地不是金色而是绿色，中午草地是金色，晚上草地又变绿（蒲公英会开合）——可爱的草地，有趣的蒲公英。

2. 阅读指导

可以下列问题进行阅读指导：

• 我家窗前有什么？

• 我和弟弟在草地上怎么玩耍？ 感到蒲公英给我带来什么？

• 早上的草地是怎样的？

• 中午的草地是怎样的？蒲公英是怎样的？

• 傍晚的草地是怎样的？

• 草地为什么会变颜色？

• 我感受到了什么？

三、教材调整处理原则

教材应依据课程标准，结合学生实际和教学目标进行处理。

1. 系统性

教材本身是有系统性和连贯性的。因此，处理教材要保持其连贯性、完整性、系统性，这就要求教师把握教材的逻辑系统以及各部分的有机联系，注意新旧知识之间的衔接，把握好教材的主线。

2. 可接受性

对于天才学生，需要给他们补充一些探索性、思考性强的内容；对于智力障碍、学习障碍的学生，到了中高年级，学习内容一般会更难，教师花了不少气力，学生收获不大，还会挫伤自信心和学习积极性。因此教学内容应尽量符合其学习水平及能力，让学生感兴趣。删除繁难内容，补充贴近生活的内容。

3. 适用性

教学内容是为实现教学目标服务的，教学内容及教材的安排是影响学生学习质量的重要因素。教学内容要有所选择，并针对他们学习上的障碍，提供必要的辅助材料和工具。

四、教材处理方法

（一）简化文字

以《金色的草地》为例，简化文字有以下两种处理方式。

1. 保留大部分文字

我们住在乡下，草地上长满了蒲公英。当蒲公英盛开的时候，这片草地就变成金色的了。

我和弟弟常常在草地上玩耍，相互吹蒲公英绒毛到对方脸上。这些并不引人注目的蒲公英，给我们带来了不少快乐。

有一天我起得很早去钓鱼，发现草地并不是金色的而是绿色的。中午回家的时候，我看见草地是金色的，傍晚时候，草地又变绿了。这是为什么呢？原来，蒲公英的花像我们的手掌，可以张开，合上。花朵张开时，它是金色的，草地也是金色的；花朵合拢时，金色花瓣被包住，草地也变成绿色的了。

多么可爱的草地，多么有趣的蒲公英！蒲公英成了我们最爱的一种花。他和我们一起睡觉，和我们一起起床。

2. 保留少部分文字

蒲公英盛开的时候，草地变成了金黄。我和弟弟常常在草地上吹蒲公英绒毛。玩得很快乐。有一天，我起得很早，发现草地并不是金色的而是绿色的，原来蒲公英可以张开、合上。天太早，花朵合拢时，金色花瓣被包住，草地就变成绿色的了，多么可爱的草地！多么有趣的蒲公英！

（二）突出重点文段

1. 理解重点段落法

理解重点段落法就是让随班就读学生理解文章的重点段落，其余内容只了解即可。比如《卖火柴的小女孩》，文章篇幅较长，但是结构比较清楚，文章的主要内容是：一个卖火柴的小女孩为了取暖，几次擦燃火柴，从火柴亮光中看到种种幻想，最后冻死街头的故事。由于文章篇幅太长，随班就读学生阅读起来难度较大。他们可重点理解小女孩为什么要擦燃火柴，她每一次擦燃火柴看到了什么样的幻景，以及最后女孩被冻死这三部分的内容，这样就大大降低了学生的阅读难度。

2. 理解重点词语和句法

文章中运用某种描写手法突出地体现在重点词语和句法上，着重让随班就读学生理解这些重点句子，这样既降低了阅读难度，又突出了重点。

如《五彩池》，课文重点讲述了五彩池的数量、颜色、大小、深浅、形状以及池水显出不同颜色的原因。课文大量运用比喻，描写生动形象。在分析教材的基础上，可着重让随班就读学生理解几个句子。

一是描写水池的颜色和形状的句子："无数的水池在灿烂的阳光下……好像……池边是……像……有像……有像……有像……有像……"；

二是写池水为什么会呈现出不同颜色的原因的句子："原来池底长着许多石笋，有的像……有的像……有的像……有的像……石笋表面凝结着一层细腻的石粉。阳光透过池水伸到水底，石笋就像……把阳光折射成各种不同的色彩。"

通过这些重点句子，理解课文内容并从中学习比喻手法的运用。

（三）删补法

删补法就是对一些离学生生活实际太远的内容进行删除，再补充一些内容。

如《少年闰土》这篇文章，对闰土形象的描写、"我"与闰土相识及后来发生的捕鸟、看瓜这些内容作为重点内容理解。其中写过年祭祀时叫闰土来管理祭器，学生不易理解。又如"他们不知道一些事，闰土在海边时，他们都和我一样看见院子里高墙上四角的天空。"这样的句子也不易理解，在进行教材处理时都可删掉，增加一些关于鲁迅先生和他故乡的贴近生活的内容，作为理解课文的辅助材料。

五、辅助教材

融合教育中的辅助教材，都是依据特殊学生的教育需求而发展的辅助性、支持课程材料，一般由一线教师、教研人员编写。

（一）适应学校课程的相关教材

融合教育中特殊学生的学校适应是重要方面，在相关课程中对特殊学生进校后的人际交往，形成一日活动结构，建立基础性能力均很必要。所以辅助性教材第一单元应以一日活动为主题，呈现一日的基本活动。本单元教材要求读一读、做一做，希望在不断强化中形成日常行为习惯，养成基本人际交往常规，做受欢迎、受尊重的人。该教材可在家应用，也可在学校与同学、老师一起学习。

具体内容可如下所示：

第一课：提供四幅图，分别是起床、洗脸、吃饭、上学。

第二课：老师好！小朋友们好！

第三课：点点头，弯弯腰，握握手，见同学，问声好。

第四课：红花开，百花开，红花百花朵朵开。

第五课：铃声响，进教室，起立，坐下，打开书。

第六课：大家来画牛，先画牛头，再画牛身体，再画牛脚。

第七课：下课铃响，收拾书包，椅子归位，清扫教室。

第八课：太阳下山了，小鸟回家了，我们也要放学了。

第九课：老师再见，同学再见，我们大家明天见。

第十课：放学回到家，爸爸好，妈妈好，爷爷、奶奶你们好！

第十一课：看墙上影子，这像什么？这像狗头，这个呢？这像只鸟。

第十二课：月亮弯弯像只船，月亮圆圆像只盘。

第十三课：太阳、太阳你起来得早，昨天晚上你在什么地方睡觉？

（二）教材改编[*]

通过续写故事文段可以培养学生反应能力和语言表达能力。

指导语：每一个故事都只讲述了开头和结尾。你的任务是结合故事的开头和结尾补充中间发生了什么事。没有所谓正确或错误的答案，只有你想说的故事。

（1）开头：你和老师还有家长在开计划会。你想参加一个培训班学习收银，以后可以在商店工作。但是，你的父母希望你参加家政培训班。你只能选择参加一个班的学习。

中间：_____

_____

_____

_____

_____

结尾：你参加了收银员职业培训班。

故事得分：_____

（2）开头：你听见一个朋友在谈论当地书店的工作机会。你很喜欢书，而且想得到这份工作。你想在这个书店上班。

中间：_____

_____

_____

_____

_____

结尾：你在这个书店工作了。

故事得分：_____

（3）开头：你朋友们的行为很过火，使你感到不安。

中间：_____

_____

_____

_____

_____

---

* 李丹改编，2008

结尾：你和你的朋友相处得很好。

故事得分：_____

（4）开头：你早上去上英语课时，发现英语书不在你的书包里。你感到很焦虑，因为你要用英语书来做作业。

中间：_____

_____

_____

_____

_____

结尾：你用英语书写作业了。

故事得分：_____

（5）开头：你没有在你们学校的社团中。社团的负责人宣布在下次会议中要选出新的成员，你想成为你们社团的领导。

中间：_____

_____

_____

_____

_____

结尾：你被选为社团的成员。

故事得分：_____

（6）开头：你来到新学校，不认识任何人。你想交新朋友。

中间：_____

_____

_____

_____

_____

结尾：你在新的学校交了许多的新朋友。

故事得分：_____

第二节　作业设计与考试调整

一、作业设计

（一）作业设计的概念

作业设计指在学生学习当中或学习结束时，老师为学生设计思考练习题或活动。目的在于对学生的知识进行巩固和运用，力图通过作业设计让学生将外在知识转化为内在能力。作业设计者多为教师，也有教师学生共同设计的作业。

（二）作业设计原则

作业依据所选用教材而设计，有每课、每单元的作业；

依据学生学习中的当前状况和重点、难点、要点知识及能力，以旧有知识为基础；

为下一步需学习的内容作铺垫，为获新知而设计作业；

激发学生学习动机和兴趣，且有不断的练习；

教师与学生互动当中形成作业内容与形式，强调学生自我学习能力形成。

（三）作业过程

作业是一个认知操作的学习过程。首先要对作业题目和作业材料解读、分析，再从自己的记忆库当中提取已储存的知识、经验与题目匹配，经大脑活动采取策略，解决问题；然后形成问题的解题策略、步骤、顺序、结论，且将思维过程经加工后付诸手部动作，借书写文字、符号予以表达。

在融合教育中强调教育者的支持，教师成为教育协助的重要人员。学生在支持协助下获得更有效的自我学习和成长，从而在旧识基础上形成新知识。

（四）作业设计特点

作业设计类别多元。作业设计种类繁多，从不同角度有不同的类别，比如，口头作业、书面作业；课堂作业、课外作业；动态作业、文本作业、独立作业、合作作业；获得与巩固知识为主的作业，习得技能和能力的作业，培养创造性的作业等。

作业设计各要素关联紧密。作业是需设计的，作业目的、内容含量、形式、作业评量标准等各设计要素齐备，相互连接紧密，才能保证作业设计的科学性、明确性、功能性和有效性。

（五）融合教育作业设计与调整

1. 作业量的调整

简单来说，学习有障碍的学生视其情况可以减少题量。

2. 给予作业选择和创编的可能

在作业过程中可以多出几道题，让学生选作，同时鼓励学生自编作业。比如，选择其中一个作文题目："运动场上""快乐的我"；给学生模仿出题机会，比如，小红有 7 个苹果，小明有 3 个苹果，他们共有几个苹果？学生可模仿出题：姐姐有 2 颗糖，妹妹有 4 颗糖，她们共有几颗糖？

3. 分析作业结构

首先，分析作业结构。在分析作业结构时可强调文本的结构模式，并标明此结构便于学生理解并记忆。或通过与学生共同寻找文本结构的方式加深印象。

然后，理清作业结构与要求，明示步骤。

比如，语文教师对学生提出的预习要求：在学习每一新课前，通读课文，找出你学习中遇到的生字词，并查字典给其注音；抄写生字词，选其中两个词造句。教师可与学生一起理清此结构并请学生简要列出。

让学生明确并形成预习五步骤与习惯，如读课文—找生字词—抄写五遍—造两句—简述课文。

4. 给线索

以折出一个正方形的 1/4 为例（图 3-1）：

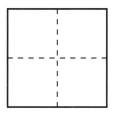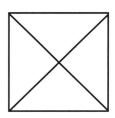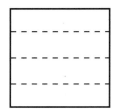

图 3-1　折出一个正方形的 $\frac{1}{4}$

问：还有什么折法？

线索：中心对称、轴对称。

提示：给解题步骤线索，理解问题、拟订计划、检查计划、执行计划、检查算式。

评价：简述计划、执行、检查、评价、反馈、调节等各环节。

5. 给协助

学生作业当中教师可视情况给予协助，可以有口头协助，如为学生念作业题干，讲解作业题意及要求等。

还可以给学生视觉提示协助，如下所示。

把一分米长的彩纸平均分 10 份，每一份是它的 $\frac{(\quad)}{(\quad)}$ ，三份是它的 $\frac{(\quad)}{(\quad)}$

视觉提示：

动作协助则是指书写、练习写毛笔字时，必要时可碰碰学生的手或把着他的手写，运动练习有动作示范或动作模仿、矫正等。

6. 提供范例

作业中给出范例是较为常用的方法，数学作业给例题，语文给出范字、范句、范文，让学生学习模仿，练习。

比如：范文是"海洋里有许多鱼儿在游来游去，有白色的，有黑色的，有灰色的，有红色的，真是漂亮。"

学生在范句引导下练习：

"在山坡上有许多羊儿在跑来跑去，有白色的，有黑色的，真是美丽。""在野地里有许多小狗在走来走去，有白的，有黑的，真是好玩。"

7. 突出问题要点

题目：我们明天去植物园看花展，植物园离这里有 3 千米。十一放假七天我们到黄山去玩，黄山离这里约有 1 200 千米。周末我们到沙湖玩，沙湖离我这 30 千米。去这个地方我们应分别选择什么方式去比较合适？

可以对上题简化为：

植物园　　　　　3 千米

黄　　山　　　　1 200 千米

沙　　湖　　　　30 千米

整理后再进行思考。

（六）作业形态及环境

作业可以是文本书写作业、口述作业、电脑回答作业，还可是操作性、实践性作业，也可以讨论记录形式完成作业，或是成品作业，如做飞机模型。

作业环境依作业内容和形态而有安静的教室、书房、活动室、机房等。

二、考试调整

考试指在学习过程中对学生所学的情况进行归纳、总结和成效的检核。考试总是依考试目的，而有考试内容、形式、题目、评级等。

考试功能有以下几点：

- 进行成效检核，含学生学的成效和对教师教的成效。
- 分级筛选、选拔，通过考试分出学生学习所处等级。
- 给学生鼓励或鞭策，了解他们的学习状况。
- 把握学生学的过程、方法、学习能力、水平、错误状况。
- 是对学生进行有效的个别化教育、拟订个别化教育计划的依据之一。

学校考试的特点是：

- 多以集体共同考试形式，同时配以其他模式。
- 学校考试具有教育诊断的特点。
- 学校考试有评价的意义。
- 作为对教与学的监控，考试贯穿于教学全程，涵盖于各年级所有学科及环节。
- 考试是学校重要的例行活动。

融合教育中的考试调整是我们要做的工作，目前的策略主要有：

1. 考试时间

- 鼓励在规定时间内完成考试。
- 允许特殊学生考试中途休息。
- 可以酌情延长考试时间。
- 可以分为上午、下午两个时段考试，可选该生适合的一日时段考试。

2. 考试环境与场地

- 可做个别考试空间设置，较少干扰的考试空间规划。
- 可做小组模式考试。

- 视情况可有在家考试、床边（医院）考试。

- 提供适合需求的座椅、书桌等设施。

3. 考题呈现

- 试题可做大字本或处理为点字盲文。

- 可以语音报读，采用人工报读或录音机反复报读。

- 试题放大，学生可使用助听器、助视器。

- 学生可以提问，教师可以用口语、书面语、手语予以解释。

- 可以标出试题中的关键字。

- 可用计算机呈现试题，并依学生需求提供辅助，允许需要学生运用录音设备。

- 大声将题目读给学生听。

- 用胶带固定考卷，帮助翻页等。

4. 答题方式

- 除手写答题外，视具体情况可用计算机输入答题。

- 可以口头答题，用盲文点字回答，手语回答。

- 可以指规定人代为书写答题或请指定人誊抄答案。

- 可使用沟通板。

- 允许使用计算器或字典。

- 使用较容易写的笔。

5. 考程提示

- 教师可读题多遍。

- 可强调题目要求和要解决的问题。

- 在题目上做提示性标注。

- 某些题目给出解题步骤（题卷上给出视觉文字、符号提示）。

- 解决过程中可以有少量的解题提示（比如，解题的一般性步骤：审题、找已知、列关系、厘清问题等）。

- 提示注意和解题后的检查。

- 教师可以记录下学生的解题过程，发现学生思维特点，解题历程，和障碍所在。

6. 考试评分与记分

融合教育中，特殊学生与普通学生遵循同一标准进行评分与记分，但是有两方面考量。

一是考量本试卷本考试中按标准化记分所得的分值，这表明该生在全班同学群体中所处的位置。

二是考量该生在教师指引下经协助所达到的目标，我们可以称为进步分，进步分除在本题的学习中表现，也可以是该生在其辅助性课程、作业、考试中的进步状况。

融合教育中对特殊需求学生的考试记分目前有如下处理方式：

①特殊学生同试卷考试成绩不计入全班总分，主要原因在于担心特殊学生成绩影响全班总成绩和平均分，影响班级常规指标。

②特殊学生与其他同学同一考卷，同样评分。优点是一视同仁，缺点是有可能挫伤特殊学生的学习积极性。

③结合同试卷、同标准评分分数与学生自己的进步分相加得平均分，或加权后整合。此种评分兼顾了全班的共同性，也看到了学生的自我进步，可给予学生鼓励。

思考与实践

1. 请为你熟悉的个案做教材调整处理。

2. 请为一个融合教育班做作业、练习调整。

3. 请为一个个案做考试调整。

4. 针对一个个案编写或选用辅助性教材。

第四章

融合教育个别化教育计划

融合教育中的个别化教育通过个案讨论会制订个别化教育计划以达成。下面以个别化教育计划结构及实例形式说明这个过程。

第一节　融合教育学生个案报告及个别化教育计划结构

一、基本资料

学生姓名：＿＿＿＿＿＿＿＿　　性别：＿＿＿＿＿＿＿＿＿

出生年月：＿＿＿＿＿＿＿＿　　民族：＿＿＿＿＿＿＿＿＿

身份证号：＿＿＿＿＿＿＿＿　　家庭住址：＿＿＿＿＿＿＿

邮编：＿＿＿＿＿＿＿＿＿　　主要联系人：＿＿＿＿＿＿

联系电话：＿＿＿＿＿＿＿＿　　手机：＿＿＿＿＿＿＿＿＿

邮箱：＿＿＿＿＿＿＿＿＿

> 基本资料通过家访、填表获得，多由教师整理、记录。

二、家庭基本情况

父亲：姓名：＿＿＿＿＿＿＿　　年龄：＿＿＿＿＿＿＿＿＿

　　　职业：＿＿＿＿＿＿＿　　文化程度：＿＿＿＿＿＿＿

　　　民族：＿＿＿＿＿＿＿　　工作单位：＿＿＿＿＿＿＿

母亲：姓名：＿＿＿＿＿＿＿　　年龄：＿＿＿＿＿＿＿＿＿

　　　职业：＿＿＿＿＿＿＿　　文化程度：＿＿＿＿＿＿＿

　　　民族：＿＿＿＿＿＿＿　　工作单位：＿＿＿＿＿＿＿

> 家庭基本情况通过家访、填表获得，多由教师整理、记录。

主要照顾者姓名：＿＿＿＿＿＿　　年龄：＿＿＿＿＿＿＿＿＿＿

职业：＿＿＿＿＿＿＿＿＿＿　　婚姻状况：＿＿＿＿＿＿＿＿

家庭经济状况：＿＿＿＿＿＿＿＿＿＿＿＿＿＿＿＿＿＿＿＿＿

家庭生活简述：

是否独生子女：＿＿＿＿＿＿　　家庭结构：＿＿＿＿＿＿＿＿

与家人相处及沟通：＿＿＿＿　　家庭气氛：＿＿＿＿＿＿＿＿

家庭教养态度：＿＿＿＿＿＿＿＿＿＿＿＿＿＿＿＿＿＿＿＿＿

家长期望：

家长对孩子未来发展期望：＿＿＿＿＿＿＿＿＿＿＿＿＿＿＿＿

家长对孩子近期发展的目标期望：＿＿＿＿＿＿＿＿＿＿＿＿＿

家庭需求：

一般教育：＿＿＿＿＿＿＿＿＿＿＿＿＿＿＿＿＿＿＿＿＿＿＿

特殊教育：＿＿＿＿＿＿＿＿＿＿＿＿＿＿＿＿＿＿＿＿＿＿＿

辅具 { 辅导：＿＿＿＿＿＿＿＿＿＿＿＿＿＿＿＿＿＿＿＿＿＿

　　　 康复：＿＿＿＿＿＿＿＿＿＿＿＿＿＿＿＿＿＿＿＿＿＿

三、生长发育

> 生长发育情况通过家访、病历整合获得，由教师或校医整理、记录。

生育史：＿＿＿＿＿＿＿＿＿＿＿＿＿＿＿＿＿＿＿＿＿＿＿＿＿

发展史：（生长、发育情况，包括坐、爬、站、起、跑、跳、身高、体重、眼手协调等）＿＿＿＿＿＿＿＿＿＿＿＿＿＿＿＿＿＿＿＿

视力：＿＿＿＿＿＿＿＿＿＿＿　　听力：＿＿＿＿＿＿＿＿＿＿

神经系统：＿＿＿＿＿＿＿＿＿　　智力发展：＿＿＿＿＿＿＿＿

沟通表达：＿＿＿＿＿＿＿＿＿　　动作：＿＿＿＿＿＿＿＿＿＿

社会情绪：＿＿＿＿＿＿＿＿＿　　特殊情况：＿＿＿＿＿＿＿＿

病史：＿＿＿＿＿＿＿＿＿＿＿＿＿＿＿＿＿＿＿＿＿＿＿＿＿＿

药物过敏史：＿＿＿＿＿＿＿＿＿＿＿＿＿＿＿＿＿＿＿＿＿＿＿

四、各项评量摘录

（一）发展及适应能力现状

项　目	能力现状	评量方式	评量者及评量日期
健康状况	生理、心理、疾病等 优势：＿＿＿＿＿＿　限制：＿＿＿＿＿＿		
感官	视觉、听觉、触觉、本体整合等 优势：＿＿＿＿＿＿　限制：＿＿＿＿＿＿		
粗大动作	坐、站、走、跑、跳、攀爬等、平衡、姿势等 优势：＿＿＿＿＿＿　限制：＿＿＿＿＿＿		
精细动作	手抓握、张合、按压等手操作，视动协调：堆积木、按压、仿画写、着色等 优势：＿＿＿＿＿＿　限制：＿＿＿＿＿＿		
生活自理	饮食、衣着、如厕、清洁卫生、安全等 优势：＿＿＿＿＿＿　限制：＿＿＿＿＿＿		
认知	注意、记忆、推理、概念等 优势：＿＿＿＿＿＿　限制：＿＿＿＿＿＿		
沟通	日常口语、文字、动作表达，以及对交际中的语言理解、语言表达等 优势：＿＿＿＿＿＿　限制：＿＿＿＿＿＿		
社会情绪行为	人际关系、情绪控制、行为问题、社会适应等 优势：＿＿＿＿＿＿　限制：＿＿＿＿＿＿		

> 发展及适应能力现状包括发展性、适应性领域综合课程评量，核心障碍分项评量，标准化测验，由测评人员录入。

学科能力现状包括学科课程标准评量、学业评量、核心障碍专项评量、学科活动现场观察，由学科教师录入。

（二）学科能力现状

项　目	现状描述	建　议
识字		
写字		
阅读		
习作		
口语交流		
综合及实践		
数与代数		
空间图形		
统计概率		
综合及实践		

一日活动及环境包括记录一日家庭、学校、社区活动情景，由班主任或资源教师与家长完成。

（三）一日活动及环境

时　间	活动名称	活动内容	学生表现	建　议

由个案会全体人员讨论得出，包括优势能力分析、限制及对班级生活的影响、教育需求分析、教育重难点分析与建议

（四）综合分析与建议

项　目	分　析	建　议
健康		
感官		
粗大动作		
精细动作		
生活自理		
认知		
沟通		

续表

项　目	分　析	建　议
情绪社会行为		
语文		
数学		
其他		

五、融合教育学生个别化教育计划

学生姓名：_____　　性别：_____

就读学校：_____　　班级：_____

出生年月：_____

本计划执行起止日期：_____年_____月至_____年_____月

目前安置：_____　　执行人：_____

计划拟订人：_____

（一）长期目标

领域或学科	目　标	备　注

◀ 长期目标：包含一学期含发展、适应领域，学科及其他目标，个别化讨论会全体人员决定。

（二）短期目标

领域或学科	目　标	支　持

◀ 短期目标包括在长期目标导引下的具体目标，个案讨论会参会人员或教学过程中生成。

教育支持及相关服务由个案讨论会决定。

（三）教育支持及相关服务

1. 安置服务类型

□在家服务　　　　　　　　　　□普通班

□特殊学校（机构）　　　　　　□普通学校特殊班

□巡回资源教师　　　　　　　　□资源教室（班）

2. 在普通班学习

□全日全部活动　　　　　　　　□部分活动

□个别活动

情况说明：_____

_____

语训、动作训练、心理辅导、职能等

3. 相关服务

项　目	地　点	频　率	时　间	起止时间	负责人	备　注

行政与环境支持包括辅具、课程、教材、考试、人员、各设施等。

（四）行政与环境支持

项　目	方式内容	负责人	备　注
交通			
辅具			
无障碍设施			
助理教师、人员配备			
课程、教材调整			
作业、考试调整			

第二节 个别化教育计划实例

以下内容以新津县花源小学个别化教育计划（2012—2013学年第一学期）为例说明。

一、基本资料

(一) 个人资料							
学生姓名	廖同学	性　别	女	出生	2002年8月15日	身份证号	（略）
户籍地址	（略）						
居住地址	（略）						
监护人	陈××	关　系			母女		
鉴定类别：脑积水 + 脑颅外伤修复 + 轻度智障　鉴定文（略）							

(二) 家庭现况及背景环境				
家长教育程度	父：初中	母：高中	主要照顾者	父母
家长职业	父：个体经营户	母：个体经营户	主要学习协助者	母亲
家庭经济状况	一般	父母婚姻状况　　良好	民族	汉
家长期望	希望孩子能够健康快乐成长，生活能够自理，将来能够自力更生。			
家庭生活简述	廖同学是家里面的第一个孩子，爸爸、妈妈、外公、外婆等主要亲属都比较喜爱她，但在廖同学学习表现不佳的时候，妈妈有时候会因性格急躁对其责骂。2008年，廖同学有了一个弟弟，姐弟关系十分融洽，廖同学有时能够帮助妈妈照看弟弟。			
家庭对个案的支持	父母均在镇上做生意，有较稳定的经济收入来源，家庭在廖同学的医疗、辅具方面都能尽力给予支持。			
家庭需求	1.小孩的学习希望能够得到各科老师更有针对性的指导，尽量不对小孩降低学习要求。 2.小孩能够得到一定的康复训练。			

续表

（三）发展史	
专业诊断治疗情形	廖同学出生时，出现新生儿黄疸，住院一周；一岁多时，曾在四川省华西医院做了头颅修复手术以及脑积水分流管手术。 服用药物：（√）无　　（　）有 　药物名称___（略）___　　服药时间___（略）___ 　副作用_____（略）_____
其他	廖同学在出生后四五个月时被诊断为脑积水，但因当时家庭经济困难未做手术；家长曾带孩子到一些小诊所进行按摩、针灸。
（四）教育史	
过去教育安置情形	1. 未接受过学前教育。 2. 目前就读于普通班级接受特殊教育服务，校内接受同班小伙伴的学习生活支持，校内外有退休老教师提供课业辅导及社区大学生志愿者提供休闲娱乐活动支持。

二、教育需求分析

（一）标准化测验

工具名称	测验结果／分析解释		施测者	施测日期
WISC-Ⅲ修订版农村卷	结果	语言智商分量表：知识 4；领悟 12；算数 5；相似类同 4；词汇 10；语言分 35。 作业智商：数字符号（编号 动物下蛋）0；填图 5；模块 5；图片排列迷津 4；图形拼凑（视觉分析和几何图形）6；作业分 20	成都市第四人民医院 李医生	2012 年 9 月 18 日
	分析	语言智商 80 分，作业分 56 分，全智商 66 分。语言分优于作业分。		
GMFM 粗大动作运动评估表；ASWOSH 肌张力评估表（修订版）	结果	目前能独立行走，但左脚踝内翻较严重，步行时髋膝踝稍屈曲，呈内收内旋状。躯干前倾，四肢协调性较差。双上肢前屈后伸动作较缓慢。	成都市残联康复中心 江老师新津县残联康复中心 朱老师	2012 年 9 月 4 日
	分析	双下肢肌张力增高明显，主要表现为大腿内收肌、小腿三头肌、股胫骨前肌及股骨后肌增高明显。躯干部肌肉力量较差（腹直肌、腹内、腹外斜肌）。		

注：本表所列测验结果应结合下表现况描述使用。

（二）发展性、适应性领域综合课程评量

项　目	能力现状	评量方式	评量者及评量日期
健康状况	身高：135厘米，低于同龄儿童平均身高6厘米。 体重：30千克，低于同龄儿童平均体重2.5千克。 心肺功能、视力、听力均正常。 运动功能：无法独立完成其中任何一个动作。 神经系统：有脑积水的后遗症。	新津县花源镇乡镇医院健康检查表	新津县花源镇乡镇医院朱医生
感官知觉	优势：视觉和听觉正常，在课间活动时间和放学后，能够和伙伴一起玩耍。 限制：视觉和听觉记忆较弱，粗大动作和精细动作协调度不佳，肌力和耐力较弱，重心转移能力迟钝，连续动作计划差，均可进一步训练。	课堂观察与评量	蔡老师、曹老师、彭老师、李老师
粗大动作	优势：能独立行走3~5步，头部能够自由转动，坐着时能够自由转动身体。 限制：四肢协调性较差，蹲、爬、翻滚、上下楼梯均很困难。	评量	蔡老师、曹老师、彭老师
精细动作	优势：右手的抓放能力、作业能力、工具使用能力基本正常。 限制：左手抓放能力、作业能力较弱，不能够使用工具，均需要进一步训练。	评量	蔡老师、曹老师、彭老师、李老师
生活自理	优势：能使用餐具独立就餐，能自己穿脱简便的衣裤鞋袜；在辅具的支持下，能够自己如厕，餐后能够收拾自己的碗筷和做简单的清洁。 限制：洗澡、洗头、穿脱复杂衣裤鞋袜需要有人协助，如厕需要有辅具的支持，不能够自己剪指甲。	家庭和学校生活观察	李老师
认　知	优势：当物品更换许多位置后，能够寻找此物品，对物品位置和地点的记忆较好，肯定性单维度配对和分类能力较好。 限制：注意力较不集中，推理能力欠缺，理解能力比较有限，顺序意识及解决问题能力有待进一步提高。	评量	蔡老师、曹老师、彭老师
沟　通	优势：听的能力较好，对交流中的肢体语言和表情能够正确理解，能够正确表达自己的需求和想法。 限制：说话声音比较小，书面沟通难度较大。	观察与评量	蔡老师、曹老师、彭老师、李老师
情绪及社会行为	优势：情绪稳定，无情绪问题，个性比较温和。在校内外都能够与同学和伙伴玩耍和互动。 限制：因为行动不便，所以很难参与社区和学校的户外活动。	家庭和学校生活观察	李老师、王老师

（三）语数学科能力现况描述

项　目	现状描述	建　议
识字	现认识约 100 个简单汉字，基本会读由这些字组成的词语，会用这些字进行简单的组词练习和说简单的句子，对汉字的结构观察不仔细，区分形近字时经常混淆。	在认字环节中，注重教学方式的多样化，提高识字兴趣，注重对形近字的区分。
写字	书写比较差，汉字间架结构掌握不好，写字不能入格。	加强手腕、手指的康复训练；加强汉字的书写训练。
阅读	对图文结合的材料感兴趣，能在老师和同学的帮助下理解课文的内容。	在学校和家庭阅读中多提供生活化、多样化的图文并茂的阅读材料，并逐步增强其阅读基本技能。
写话	能独立写出一句简单通顺的话；在老师和同学帮助下能够写出几句连贯的、清楚的话。	结合生活实际，训练孩子说连贯的话，再进行写话训练。
口语交流	口语表达清晰，能够与人正常交流，但语速较慢，声音较小。	多提供课内外口头表达的机会，增强孩子口语表达的自信心。
数与代数	对数的概念及应用有一定的基础，能用百以内的数来表述生活情景，会口算整十数的加减法，能用列竖式的方法计算百以内的加减法，在教师或伙伴的帮助下才能完成百以内的口算和三位数的加减法。	在数学教学中多为其提供生活化的问题情景，练习其百以内的口算和三位数的加减法。
空间图形	空间感及想象力有一定的发展，能辨别和使用东、南、西、北四个方位词，但对东北、西北、东南、西南的认识和表述比较困难；能表述简单的线路，但对于三个分句及以上的线路的表述困难较大；长度单位米、厘米掌握较好，对于其他的长度单位的表象建立较差；能正确认识角及各部分名称，但对于角的分类不够清楚；已掌握正方形、长方形的外形特征，但是对认知和掌握平行四边形的特征有困难。	注重在实际生活学会进一步辨别方位和路线，加强对角、长方形、正方形、平行四方形的实物感知。
统计概率	能读写数据和对简单的数据进行分析。	在生活中学习收集和整理数据的简单方法。
综合实践	语言表述方面，能比较慢地表述日常经历和一些简单的生活情景，对书面的数学应用题理解较为困难，实践动手能力较差。	在生活实践中来加强数学基础知识的学习，运用功能性课程帮助其解决有关数学问题。

三、综合分析与建议

优势能力分析		各学科有一定基础，有一定的听读能力、表达能力、理解能力，强化训练后，有一定的短时记忆，模仿能力较强，对感兴趣的事物能持续一定的注意时间。右手精细动作及手指和手掌的合作动作有一定的发展。能基本生活自理，在与他人的口语交流中能够较正确表达自己的需求和想法，情绪稳定，个性比较温和，和同伴及志愿者相处融洽。
教育需求分析	健康状况	需进一步加强营养。
	感官功能	暂无需求。
	知觉动作	粗大动作、手眼协调和精细动作需要重点训练。
	生活自理	加强穿衣、洗头、洗澡训练。
	认知	教学目标和内容简单具体，教学方法和手段多样化。
	沟通	增加口头表达的机会，鼓励其大胆表述，在书面表达上，结合其具体的生活经历，多采用说写结合的方式。
	情绪及社会行为	进一步学习与同伴合作分享的方法，提高社会交往技能；通过辅具和伙伴支持增加户外活动的机会。
	语文学业能力	通过辅具支持和精细动作的训练，帮助其写字逐步规范；通过多样化教学手段和方法，提高识字兴趣和识字量，并扩大阅读量，提高阅读能力和写话能力。
	数学学业能力	尽量让数学问题生活化，提高其动手操作和解决实际问题的能力。
障碍状况对其在普通班上课及生活的影响		在大班教学的时候，非常容易分心，注意力不集中，有意注意差；因为书写困难，涉及与书写有关的学习任务难以按时、按量完成。
适合的评量方式		根据其书写困难，采用问答、画圈、打钩、配对等方式对作业和考试进行恰当设计和灵活评量。

四、教育支持与相关服务

（一）安置情形

□床边教学	□在家教育	□特殊学校
□集中式特殊班	☑资源教室	□巡回辅导
☑普通班	□学前融合班	

（二）参与普通班的时间与项目

领 域	地 点	节课/周	起止日期	负责教师
语文	教室	8	2012.8.31—2013.01.18	李老师
数学	教室	4	2012.8.31—2013.01.18	王老师
英语	教室	2	2012.8.31—2013.01.18	张老师
音乐	教室	2	2012.8.31—2013.01.18	陈老师
美术	教室	2	2012.8.31—2013.01.18	周老师
体育	教室	3	2012.8.31—2013.01.18	任老师
信息技术	教室	1	2012.8.31—2013.01.18	王老师
品德	教室	2	2012.8.31—2013.01.18	李老师
生命 安全	教室	1	2012.8.31—2013.01.18	李老师
书法	教室	1	2012.8.31—2013.01.18	周老师
班会	教室	1	2012.8.31—2013.01.18	李老师

（三）特殊教育服务

领 域	地 点	节课/周	起止日期	负责教师	备注（抽离/外加）
学业补偿	资源教室、家庭	6	2012.8.31—2013.01.18	李老师、臧老师、郭老师	抽离 + 外加
精细动作训练	资源教室	1	2012.8.31—2013.01.18	李老师	抽离 + 外加

（四）相关专业服务

服务内容	地点 （治疗或咨询）	频率	时间	起止日期	负责人	备注
动作训练	县残联	1周1次	星期五 16：00—17：30	2012.8.31—2013.01.18	朱老师	
体检	社区医院	1月1次	每月 1日10：00— 11：00	2012.8.31—2013.01.18	王老师	
理疗	社区医院	1周1次	星期三 17：00—18：00	2012.8.31—2013.01.18	王老师	
动作训练	家里	每天	每天 19：00—20：00	2012.8.31—2013.01.18	父母	需专业指导
动作训练	学校	每周2次	星期一、四时间	2012.8.31—2013.01.18	任老师	资源教师协调

（五）行政与环境支持

项目	方式	负责单位（人）
交通	家长接送	家长
辅具	矫正鞋、助行器、45°矫形站立板	家长、残联工作人员
无障碍设施	厕所安装扶栏、把教室固定在一楼	学校叶老师
勤学伙伴	班级小伙伴助学、课外大学生志愿者和退休教师支持	李老师
咨询服务	社区医生、市县残联康复员、资源教师、资源中心专家提供相应咨询服务	王老师、江老师、朱老师、蔡老师、曹老师、彭老师

五、长期教育目标

长期目标一般以学期或学年为单位。

学期教育目标【2012—2013 学年第一学期】

一、学业支持

（一）语文学科

1.识字与写字

培养学习汉字的兴趣。坚持在生活化语言环境中识字。能了解几种基本的识字方法（听读认字、结合上下文猜字、看拼音认字、分析字形认字等），重视书写指导，要求字能写到格子里，学会查字典。

2.阅读

提供图文并茂的阅读材料和多样化的阅读方法和手段，鼓励学生扩大阅读量和提高阅读能力。能看一些简单的绘本，看图阅读浅显的童话、寓言、故事和理解文章的部分内容。能够读文中简单的重点词语。学会默读。

3.写话

能够独立摘录优美的词语、独立写出完整的句子和模仿写一段话。

4.口语交流

能够用完整的话表述自己的意思，能围绕一个主题与同学进行简单的交流。

（二）数学学科

1.数与代数

①乘除法：能结合具体情境，感受乘除法与实际生活的密切联系；能掌握一位数乘两位数和一位数除两位数的笔算方法，能用已学会的乘除法知识解决生活中的简单问题。

②千克、克、吨：能认识重量单位千克、克、吨，初步了解千克、克、吨的实际大小和关系，基本能进行重量单位的简单换算，结合生活实际解决简单问题。

③乘法：能掌握两、三位数乘一位数和连乘的方法，基本能正确计算并解决生活中的简单问题。

④除法：基本能掌握两、三位数除以一位数的除法和连除的方法，初步学习乘除混合两步运算，能应用已学的除法知识解决简单实际问题。

⑤年、月、日：认识年月日，了解它们间的关系，了解平年、闰年，体会并认识 24 时计时法。

2.空间与图形

①观察物体：会根据学习指令搭简单的立体图形，会从正面、后面、上面观察并辨认简单立体图形的形状；发展空间观念，初步培养观察能力和动手能力。

②掌握周长的概念：基本掌握长方形和正方形的周长计算方法，结合具体情境，感知图形知识与实际生活的联系。

3.统计与概率

了解事件会发生的确定性和不确定性，知道事件发生的可能性，感受和体会有些事件发生的确定性。

续表

4.综合与实践 　　运用所学知识和方法解决简单问题，感受数学在日常生活中的作用。获得一些初步的数学活动经验，发展解决问题的能力，在与同伴合作和交流过程中，发展数学学习的兴趣和自信心。 5.其他学科（略） 二、动作训练 　　改善内翻足畸形及改善步态。

六、短期教育目标（短期目标：4 周内可完成的目标）

短期目标一般以月为单位。

学月教育目标【2012—2013 学年第一学期第一学月】

一、学业支持 （一）语文学科 1.识字与写字 　　培养学习汉字的兴趣。坚持在语言环境中识字，能认识 80 个字左右，会写 20 个字左右。 2.阅读 　　看一本绘本，看一篇童话，能在绘本和童话中勾出喜欢的词语并认识书中的主人公。 3.写话 　　能独立写 1、2 句完整的句子。 4.口语交流 　　能够用简单的话大胆表述自己的意思。 （二）数学学科 　　第一单元：乘除法 　　①掌握整十、整百、整千乘一位数的口算方法。 　　②掌握两位数乘一位数的口算方法。 　　③掌握整十、整百、整千除以一位数的口算方法。 　　④掌握两位数除以一位数的口算方法。 　　⑤尝试用已学的乘除法知识解决简单实际问题的能力。 （三）其他学科（略） 二、动作训练 　　提高下肢站立负重能力，缓解改善足外翻畸形。 　　①手法牵拉肌张力，主要是小腿三头肌、腘绳肌。 　　②提高腹部周围肌力。 　　③使用矫正鞋改善内翻足。

思考与实践

参考本章提供的融合教育个别化教育计划，为一名特殊学生进行调查、访谈、教育诊断评量，召开个案讨论会，拟订个别化教育计划。

第五章

融合教育教学活动及案例

融合教育中的教学活动就是常态教育教学当中的语文、数学、音乐、体育、美术等分科教学及综合实践活动。其教学形式有集体教学、小组教学、个别教学。在实施融合教育时，更要关注在各形式教学中对每个学生的关注。怎样做到"一个都不能少""一个都不掉队""让每个学生进步"，是融合教育教学活动最关心的问题。

第一节　集体教学活动

一、集体教学

在集体教学活动中，更多的同学聚在一起，老师开展丰富多彩的集体活动，学生在集体中互动学习，可感受集体活动的气氛等。

做好集体教学，应注意以下几点：

一是面向班级全体每一个学生，找到全班全体学生的共同性、规律性并具有面向全班学生的教育教学设计。二是分析全班全体同学中存在的差异性并作分层、分类的教育教学处理。三是针对特殊学生与学生群体的大差异，为满足其特殊教育需求，应制订个别化教育计划或／及个别化支持计划。

（一）集体活动的基本原则

一方面要遵循学生身心发展规律，看到学生群体差异性，满足特殊学生的个别需求，构建各方兼容的融合教育思路。另一方面，在实际操作中，将个案置于班级、课堂，归入年级、班级的教学管理，并容纳在集体管理或集体教学中；或是从集体管理和集体教学设计方面考虑分类、分层，考虑纳入个案的需求。

- 应让每个学生都进入集体活动，避免只有部分学生进入集体活动而部分学生游离其外的现象。
- 充分发挥起带头作用的学生的积极性、示范性。
- 在全班群体的教育教学中，配入特殊学生个别化教育目标。
- 应有对参与性差学生的恰当协助。
- 主、助教配合密切，共同完成集体教学活动。

（二）集体教学活动的组织

集体活动是最常见的一种教学组织形式，但是并不容易。教师在集体活动中要考虑每一位学生的参与，做好集体活动参与人员的组织工作，落实参与人员，工作分配要明确。特别是主、助教应默契配合，在活动之前主教要主动将该活动的目的、方式、步骤、所需协助、怎样协助等详细告知助教，并请助教提出意见与建议。

要做好集体活动场地的安排，并准备相应的物资。集体活动前需有场地选择、安排，场地应符合教学活动的需要，且应有安全考虑，教学资源需在活动前全部准备好。

集体活动时可分小组安排座位，也可做一些调整。比如，需协助的学生在助教旁，需提示的学生在主教旁，能起示范作用的学生间隔在学生之间，能自己学习的学生安排在教师中间等。依学生需求和活动的需要，座位可以排成圆圈，也可以是半圆形或马蹄形。

（三）集体活动的教学策略

教师的示范、说明应让全体学生都能看见或听见，比如教师的手势、动作、声音，教师出示的教具、教材等。

主教在集体活动时应将学生注意力吸引到自己身上，助教辅助主教，必要时为学生作正确的示范。出现干扰事件时，助教处理问题，主教仍继续掌控教学活动。

练习活动时，主、助教都应指导、协助学生。要求学生轮流反应时可以让程度最好的学生先反应，目的是给后面的同学以示范；其次是注意力集中的学生，这是对注意行为的肯定与赞扬；再为最想表现的学生，既让其学习等待，同时又给予表现的机会；后面为程度较差的学生，让他们能不断学习前面的学生，经多次重复后作出反应；最后为注意力不集中的学生，这是对他的提醒，也可看成对他参与性的反馈。

此外，集体教学中应注意以下几点：

- 集体活动应有很明确的开始，口间有练习活动，最后也应有清楚的结束，练习结果要即时反馈。
- 集体活动应该有对群体目标的评量和对特殊学生个别化目标评量，对活动本身的评量。
- 集体活动的轮流练习，每个学生时间不宜太长，否则其他学生无事可干，教学纪律难以维系。

（四）集体活动的注意事项

集体活动应注意的问题是：

①每个学生都参与。集体活动的组织纪律及集体活动中每个学生的参与是集体活动需考虑的问题。集体活动口既有对每个学生的关照又有个体的互动，还有集体的活动与集体影响力，集体活动有目标的限制（活动目标不宜过多）。

②实施群点教学。融合教学活动中普通儿童称为群，特殊需求儿童称为点。在群体教学中实施个别化教学，关键要处理好群与点的关系。

二、融合教育中的教学案例

下面举例介绍我国融合教育中集本教学的主要方式。

（一）分层教学

以某普通小学融合班实施的分层教学活动为例进行说明。

在融合教育班级中，为了满足普通学生与特殊儿童（本班为智障儿童和低成就儿童）适应社会的需要，教师根据当地的社会历史、文化和生活习俗，自行编写教材、设计教学活动，对包括特殊儿童在内的全班同学进行社区认识和适应技能教育，以增强学生认知社会、适应社会的基本能力。

以单元教学的形式，对普通学生进行"大社区"的认识活动，学习《重庆市民手册》，要求学生结合实际，了解自己的家庭成员、家庭情况，进行社会调查、了解家乡变化；

结合学科教学，教会学生进行家乡环境的片段描写；

组织《家乡环境》少年知识抢答赛；

安排学生描绘家乡的风景名胜等活动，为特殊儿童安排"小社区"认识与适应技能的培训；

通过学习了解家庭成员、熟悉学校、社区环境，并学会购物、打电话、认识回家的公共汽车线路等社会适应技能；

通过课堂模拟情景教学，进一步总结深化社区认识的内容，并对教学效果进行检测。

1. 教学内容

（1）普通儿童的"大社区"认识。

为普通儿童设计了认识以整个重庆市为对象的"大社区"认识，提出了以下教学目标：

• 了解《重庆市民手册》的主要内容

• 了解重庆的变化及原因

• 了解重庆的风景名胜

（2）特殊儿童的"小社区"认识。

根据特殊儿童的特殊教育需要和适应社会生活的要求，为其设计了"小社区"认识和适应技能的训练的有关内容。提出了以下的教学目标：

• 了解家庭成员

• 熟悉认识学校和社区环境

• 学会在社区中购物

• 学会在社区中使用交通工具

分层教学在同一活动中实施，针对不同层面学生，有不同的侧重和要求。

单元课程的思想。依单元教学的思路编写儿童的适应教材。在课程的编排上，教材编排前后一致，形成大单元。这种教材有助于学生在学习过程中学到有联系的知识和技能，便于儿童理解和掌握。

编写"活教材"。陈鹤琴提出的"活教育"原则指出大自然大社会是我们的活教材。运用这一教育原则，为学生编写反映重庆的单元教材：《重庆概况》《城市导游》《家乡环境》《家乡变化》《我的家》《我们的教室》和《回家的路》等。

组织学生进行社会调查。普通学生进行"大社区"调查：了解重庆市的商业、工业、交通（火车站、码头、机场等）和风景名胜（红岩村、歌乐山烈士陵园、白公馆、渣滓洞等）。特殊学生和低成就学生认识"小社区"：对家庭和邻里环境、学校和社区环境进行认知和了解。

　　组织学生校外写生。组织学生到朝天门码头、解放碑、红岩村、歌乐山、重庆大学、石门长江大桥等小社区环境写生。

　　组织学生进行知识抢答题赛。组织学生进行《红岩少年杯——家乡知识抢答赛》，含大社区知识和小社区知识。

　　课堂模拟教学。在课堂教学活动中通过朗读《城市导游》解说词，模拟游览山城，复习总结社区知识教学活动的内容，并通过"角色活动"对随班就读学生进行社区购物、使用电话、社区交通等进行教学效果检核。

　　2. 教学过程

　　（1）《重庆市民手册》学习和家庭认识。

- 普通学生学习《重庆市民手册》，了解作为重庆市的公民应该具备的行为规范和伦理标准。

- 特殊学生与低成就学生进行家庭认识方面的教育。了解家庭成员，写出家庭人员的名字、职业、工作单位和家庭的通讯地址，主要家庭成员在家庭生活中承担的责任，并通过讲述《孔融让梨》的故事进行尊老爱幼的传统美德教育。

- 根据学生的实际能力进行简历、留言条等应用文的写作教学。

　　（2）社会调查。

- 普通学生进行大社区调查，在解放碑、朝天门码头、红岩村、歌乐山革命烈士纪念馆、北碚风景区等地开展，特殊学生也参加，更侧重普通学生。

- 特殊学生进行"小社区"调查，普通学生也参加，对特殊学生更侧重。

- 了解家庭周围的社区，有关的单位、街道、商店、交通道路等。在这一活动中特别加强了特殊与普通儿童之间人际关系的协调，使特殊儿童懂得班集体对自己的成长的重要性，通过尊敬老师、友爱同学，在这个环境中得到大家的接纳和关心。

- 在认识学校的活动中，还增加了热爱集体，关心集体的教育活动，特殊学生通过整理教室，学会了扫地、擦桌子，通过为集体服务，赢得同学的尊敬和关心。

- 通过这些活动的开展，特殊学生不但能认识学校和周围的社区环境，更在于通过这些活动，特殊学生学到了如何在学校的环境中人际交往和关心集体等。

（3）复习巩固。

- 在这一阶段，通过组织两种活动来巩固学生前一段时间进行的社会学习活动。

- 组织知识抢答赛，学生通过知识抢答赛的准备和参与过程，对所学到的社区知识进行了巩固复习。

- 组织学生到重庆的重点名胜进行写生，通过这一过程加深对社区尤其是对重庆的了解。

- 在组织这些活动的时候，教师都有意识地在活动中渗透家乡情和爱国主义的教育，让学生对"红岩精神"有具体生动的了解。

- 特殊学生在上述活动中进行了与自己的能力和教学目标适宜的学习。如当普通学生到校外写生时，特殊学生的相应活动重点是接触社会、熟悉社区，学会购物和辨识回家的路线等活动。

（4）课堂教学分析。

- 本节课教学紧扣儿童适应社会这一基本主题，教师以学生生活的社区和所在的城市为教学内容，自编教材，体现了"大自然大社会是我们的活教材"的活教育思想，这是本节课最具特色之处。

- 本节课在教学目标设置上既有适合普通儿童的教学目标，又有特殊儿童的社会适应技能目标，从而实现了在一节课中既能保证全班学生的需求，又能满足特殊儿童的教育需求。

（二）集体教学中的个别化教学

以下是四川新津花源小学李岚老师的教学活动教案。该教案体现了在集体教学中对个体的关注，该班有随班就读学生2人，桢桢和阳阳，其教学活动设计如下。

《"扫一室"与"扫天下"》的教学设计

教材分析

《"扫一室"与"扫天下"》是北师大版小学语文教材四年级上册第十一单元的第一课。课文讲的是东汉时期，有个青年陈蕃，志存高远，喜好读书，但生活很懒散，连自己的书房也很少收拾、打扫。他父亲的朋友告诫他：连一间小小的书房都不扫，是扫不了天下的。这个故事警示人们：连身边小事都不去做，是不可能做成大事的。

学情分析

本班学生共 43 人，其中随班就读学生 2 人。课文故事发生的年代距今久远，但故事仍然有现实意义。课前教师引导学生搜集资料，了解课文的背景，以便学生更好地理解课文内容。另外，由于学生已有不同的学习经验，对于课文中出现的反问句，可能有的理解，有的不理解。因此，教学的重点应是指导学生反复朗读，读出反问的语气，感悟反问句表达的力度以及所表达的意思。

桢桢，女，10 岁，有脑积液后遗症，1 岁多时遭遇车祸，做过头颅修复手术以及脑积液分流手术。目前生活基本能自理，能自己吃饭、洗漱、穿衣，如厕需辅助；经训练先能独立站、独立步行 3 步左右；左手力量差，精细活动能力差；躯干前倾，四肢协调性差；双下肢肌力较低，平衡力较差。学科学习有一定基础，在语文学习方面对图片比较感兴趣，具备一定的看图识字和听读识字的能力，理解简单的字词，认识 100 个左右的简单汉字，基本会读由这些单字组成的词语，会用这些词语说简单的句子，但理解不够深入，现在开始使用钢笔，书写还需要花大量的时间进行练习。

阳阳，男，11 岁，2008 年被医院诊断为进行性肌营养不良。从最初行走容易跌倒，需要轮椅代步，发展到现在手脚肌肉萎缩无力，心肌受损，盆骨歪斜，病情一直持续恶化。病发后休学一年，在各方努力下得以顺利返校。在返校之前，学校为他建立了无障碍设施，同时学校特殊教育资源教室也将他纳入服务对象，并为他安排了助学伙伴。身体原因导致他胆小、内向，不爱说话，对学习兴趣淡薄，能掌握基本字词，但理解能力与班上同学差距不大。由于休学，不爱说话，声音小，老师需走到他身边鼓励他参加讨论。

教学设计

普通生与随班就读学生的教学目标对比

教学目标	
普通学生	随班就读学生
1. 认字 6 个，写字 7 个。继续练习写摘录笔记，独立识字。 2. 正确、流利、有感情地朗读课文，领悟"扫一室"和"扫天下"的特别含义。懂得人既要顶天立地，又要脚踏实地；实现远大的志向，要从身边的小事做起的道理。 3. 在语境中理解"志存高远、着实、满不在乎、理直气壮"等词语在文中的意思。 4. 感悟课文中反问句的意思，并能用陈述的方式表达出来。	1. 桢桢能认识本课生字词，阳阳继续练习写摘录笔记，独立识字。 2. 桢桢能朗读课文，在老师与同学的帮助下明白文章道理。 3. 阳阳能在语境中理解"志存高远、着实、满不在乎、理直气壮"等词语在文中的意思。 4. 阳阳能感悟反问句的意思，并在伙伴的帮助下试着用陈述的方式表达出来。

续表

教学重难点	
普通学生	随班就读学生

1.有感情地朗读课文，交流、领悟"扫一室"和"扫天下"的特别含义，懂得人既要顶天立地，又要脚踏实地；实现远大的志向，要从身边的小事做起的道理。
  2.感悟课文中反问句的意思，并能用陈述的方式表达出来。
	1.能朗读课文，在老师与同学的帮助下明白文章的道理。
	  2.阳阳能感悟反问句的意思，并在伙伴的帮助下试着用陈述的方式表达出来。

教学过程	
普通学生	随班就读学生

一、情境谈话，导入课题
  1.今天我们学习第11单元"大与小"。（相机板书）
  2.我们身边有许多的包含这组反义词的事物，你能说说吗？（指名回答）
  3.在生活中，物体除了有大小之分，事情也有大小之分，今天我们就来学习一则关于"大事和小事"的故事。（相机板书"扫一室"和"扫天下"）
  4.齐读课题，质疑（指名回答）
  （设计意图：由单元主题切入，有利于学生更快地抓住课文的要点；质疑课题能帮助学生确定读书目标，做到有目标的读书和学习。）
	随班就读学生倾听同学回答。
	
	  齐读课题，桢桢倾听，阳阳质疑。
	  （设计意图：从课题入手，理解题目，在质疑中，激发阳阳探求的欲望。）

二、检查预习，学习生字词
  1.以摘录笔记的形式，检查学生对词语的学习。
  2.强调摘录笔记的作用和方法。相信同学们和老师一样摘录了重点词语和句子，希望以后养成做摘录笔记的好习惯。
  （设计意图：学写摘录笔记，养成做摘录笔记的好习惯，学会独立识字学词是四年级学生的重要任务，教师也应该把检查验收自学效果作为重点。）
	阳阳随同学。
	  桢桢朗读自己预习时在文中圈出的词语。
	  （设计意图：因桢桢手无力，无法写字，所以在课前预习时我单独要求她在文中圈出自己摘录的生字词。通过朗读，了解她的自学情况。）

普通学生	随班就读学生
三、初读课文、整体感知 　　通过预习课文，你一定知道故事的主人公是谁了吧？你认为陈蕃是个怎样的人呢？请同学们自由读课文，画出相关的词语。养成不动笔墨不读书的习惯。（师巡视） 　　（设计意图：带着问题自由朗读课文，帮助学生理清文章脉络，并练习标画重点词语来概括文段大意的好方法。）	桢桢与伙伴共读，阳阳自读课文，画出相关词语。 　　（设计意图：初步感知文章，理清文章脉络。）
四、细读课文，探寻内涵 （一）研读懒散，体会缺点 　　1.你知道陈蕃是个怎样的人吗？试着用文中的词语概括一下。 　　（出示课件：志存高远　喜好读书　生活懒散） 　　2.你知道志存高远是什么意思吗？（指名说）陈蕃的确是一个志存高远的人，但生活上却很懒散。请你默读课文，找出反映他生活懒散的句子。（师巡视） 　　3.通过找重点句子，想象、指导朗读的方法，体会陈蕃的生活懒散。 　　4.指导在语境中理解"着实"的意思。薛勤一进到这样的书房，是什么反应？ 出示：薛勤一进书房，着实吓了一跳。着实在这里是什么意思？ 　　（指名回答。着实：真的，的确。） 　　5.指导朗读薛勤所说的话，体会说话的语气。 　　（读出薛勤对陈蕃的劝诫、责问、语重心长的语气） （二）揣摩心理，感受高远 　　面对薛勤的责问，陈蕃又是什么态度？（学习第4自然段）分别理解并指导用不同的语气朗读课文，揣摩人物心理，感受志向高远。（师相机指导、评价） 　　（设计意图：通过对重点句子和词语的反复有感情的朗读，使学生深刻体会文段的含义，增强学生的感性认识。）	分组朗读课文，讨论问题。鼓励阳阳回答问题，桢桢倾听同学意见。 　　（设计意图：检查他们对课文掌握情况，鼓励阳阳回答，增强其自信。） 　　与同桌共读，讨论理解。小伙伴引导桢桢思考，共同找答案，鼓励桢桢大胆回答。 　　（设计意图：这个问题比较简单，让小伙伴和桢桢一起找答案，鼓励桢桢回答，并及时表扬，希望借此增强她的自信心。） 与同桌共读重点词句。 　　（设计意图：阳阳理解能力较差，桢桢上课注意力不集中，利用伙伴助学帮助他们认真朗读，既能锻炼他们的表达能力，又能引导他们体会文段含义。）

续表

普通学生	随班就读学生
（三）对比朗读，意识反问 　1.陈蕃的这句话是什么意思？你能换种说法使意思不变吗？（课件出示句子，反问和陈述）对比朗读这两句话，体会反问句的语气比陈述句表达要强烈。 　2.听了陈蕃满不在乎的回答，薛勤又是怎么想、怎么说的呢？（出示两个反问句），谁再来读读这两句话，注意语气！听了他的朗读你听出了这是什么句式？让我们再来读一读，读出强烈的语气。（齐读） 　3.谁能给他们换种说法，意思不变？ 　（设计意图：由于前段已反复朗读过词句，采用"以读代讲"的方法，引导学生在语言环境中读懂反问句，通过对比朗读更容易揣摩出反问句所表达的语气比陈述句更强烈。） 五、交流感受，挖掘寓意 　1.薛勤走后，陈蕃陷入了沉思，觉得他的话有道理。有什么道理呢？ 　（视情况讨论，相机板书：从小事做起，脚踏实地） 　2.从此陈蕃听从了薛勤的劝诫，从身边的小事做起，成就了一番大事业！ 　出示陈蕃资料，找同学读一读。 　3.解决"扫一室"与"扫天下"的特殊含义。 　（指名回答，相机板书：大事小事）并由金钥匙点出引号的作用（出示金钥匙，生齐读） 　（设计意图：由于前段认真体会了陈蕃住处的情况和陈蕃的抱负，根据故事的情节就不难明白"扫一室"与"扫天下"的含义，结合金钥匙既能理解引号的作用，又能更准确地体会本文的主旨。）	与同桌共读两句话。阳阳谈体会，并试着用陈述句表达。 　（设计意图：让随读生与同桌共读，阳阳说体会，意在鼓励他大胆表达自己的想法，也想让小伙伴帮助、引导他理解反问句。）
六、联系实际，扩展延伸 　1.学习了这篇课文，你懂得了什么？ 　2.老师小结。 　3.扩展积累，结合语文天地的日积月累。 　（设计意图：联系生活实际，教导学生不能把道理放在嘴上，而是在行动上，真真正正地起到教育学生的目的；通过扩展延伸既丰富了学生的积累，又解决了语文天地的内容。）	鼓励阳阳大胆发言谈感受，桢桢倾听同学意见。 　（设计意图：鼓励阳阳当众发言，不仅能锻炼他的表达能力，也能帮助他增强自信。） 　鼓励阳阳回答，桢桢在小伙伴支持帮助下回答。

续表

普通学生	随班就读学生
七、布置作业，彰显主题 　1.仔细读读课文，把这个故事讲给家长听。 　2.从陈蕃的身上你受到了什么启发？写一写。（不少于400字）	桢桢： 仔细读课文，把这个故事大意讲给家长听。 阳阳： 试着写一写自己所受的启发。（不要求字数） （设计意图：分层布置作业，满足学生不同的学习需求。）

板书设计

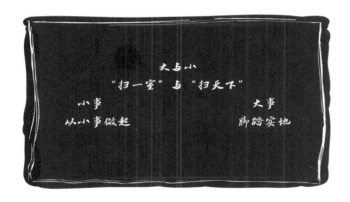

第二节　小组教学活动

一、小组教学活动

小组活动人数适中，便于学生练习和教师教学；同时，小组也给学生创造了一个互动的机会。在小组中，学生彼此交往较为充分，可以相互启发、模仿、学习。它可弥补集体教学中教师照顾不够的缺点，也可弥补一对一教学时缺少同伴互动的不足，是融合教育中较有效的教学活动组织形式。

小组教学活动应避免给每个孩子单独教学，而其他学生无目的、无所事事的局面，同时，又要有对每个学生的关照。

（一）小组活动的基本原则

• 要能使小组所有学生都参与活动，并有在一起的活动。

• 要有使小组学生同时指向刺激，引起所有学生注意的活动。

• 能使小组学生都有各种形式的反应（同时、轮流、个别）经历。

• 在作轮流反应时其他学生也能注意。

• 在对学生个别指导时，其他学生能有目标地进行自己的活动。

• 每个学生的反应都能获得教师的注意，教师应有反馈，使学生的行为得到增强。

• 小组活动应满足每个学生的个别化教育需求，每个学生都应有自己的目标。

• 学生能从其他同学处得到启发，调整自己的行为。

（二）小组活动组织步骤

1. 编组

编组的依据有二：一是同质分组，即将程度能力相近的学生分为一组，这种分组方式较常见；二是异质性分组，即学习内容基本相同，依年龄而非程度、水平的分组方式。

2. 建立常规

编组以后应建立起小组活动的常规，如作业常规、提问常规、物品收纳常规等。小组活动刚进行时，以常规练习为主，建立了常规，活动展开才有保障。

3. 安排教学环境、资源

首先，落实小组活动参与教师，或其相关人员。除了落实具体人员外，还要落实参与人员的工作，在何时、何地作何种程度的参与。

其次，准备好活动所需的一切教育资源，且应多备一份，放在教学活动中方便拿取的地方。

最后，做好教学环境调查和安排：比如，在操场作球类小组练习，事先应安排所需的球，并画好比赛线等。

在室内进行的活动应做好座位的安排，如图 5-1* 所示。

此外，依活动需要还可搬移桌椅，席地而坐。教师可以在中间，也可与学生围成一圈。学生可分为里圈与外圈，里圈坐、外圈蹲或站，也可相对而坐等。

---

* 摘自弗雷德·琼斯《做好课堂管理的 26 个要点》（重庆大学出版社）。

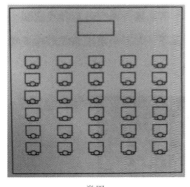
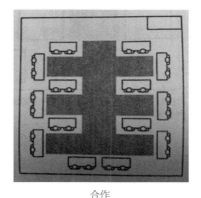

常用　　　　　　　　　　　　合作

图 5-1　教师座位安排

4. 决定小组活动策略

小组活动策略可以是同时指导全组学生、依序轮流指导个别学生、先同时教全组再个别指导学生。

选择何种活动策略要考虑学习内容、目标、学习材料的性质，各学生的学习特质，本材料的学习阶段、学习速度、学生人数等。

（三）小组活动需注意解决的问题

1. 个别指导时小组其他学生的学习问题

教师预先做好准备应对每个学生个别指导的内容、练习形式。在对某个学生进行指导时，其他学生应该有设计好的练习。利用学生的榜样与提示效应，增进学生间的学习，而让教师有更多的个别指导。尽量减少学生问题行为的出现，良好的教学秩序是小组活动正常开展的保证，教师个别指导时注意掌握好时间。

2. 培养学生自我练习能力

教师要有意识地培养学生自我练习的习惯与能力。如果全是寸步不能离的学生，教师不能够开展有效的小组教学活动。

学生自我练习的材料应是学生学习过的，不能太难，也不能太简单。一般自我练习作业最好是学生已学会并能达到一定正确率的，否则学生会因太难或无聊而出现分心行为。教师可安排变化多的、有挑战性的、有自动反馈的自我练习作业，以激发学生的兴趣和动机。

学生在练习中常会遇到需向教师提出并得到教师解答的问题。为避免学生大声提问或下位询问教师、造成教学秩序混乱，师生双方应有一些规定，比如，举手，轻轻站起来，小组选小组长、值日生等配合老师工作等。

学生自我练习中的许多常规，教师应有示范、说明并反复练习形成习惯。

二、小组协同、合作式学习教学案例

下面以某小学六年级的小组合作教学活动为例进行说明。

对含特殊学生在内的41名学生进行混合编组排座。选出小组长，负责调整组内成员人际关系，组织讨论问题。在课堂上允许小组成员轻声讨论问题、作业。教师灵活掌握学习成绩评价标准，使小组成员的目标一致，在学习过程中合作，建立积极的合作依存的关系。

（一）小组构成

以班级中实验二组为例，普通学生按语文学习状况，分为A、B、C三类，特殊学生不分类。

盛同学，男，13岁，A类学生，性格外向，开朗、活泼、肯动脑，分析综合能力强、思维灵活、有独创性，但有些急躁、做事不谨慎。

张同学，男，13岁，B类学生，性格比较内向，语文的分析综合能力较强，但思维不够灵活，不爱帮助同学。

白同学，女，13岁，C类学生，性格比较外向、开朗热情、乐于助人、人际关系好，但分析综合能力较差。

杜同学，女，13岁，特殊学生，有生理缺陷，先天性上腭缺损，后虽经补救训练，但发音仍模糊不清。性格比较外向，有自卑感，敏感而显得个性较强，人际关系不够融洽。学习吃力，记忆力较差，词汇量较少，分析综合能力差，语言表达条理不清，作文啰唆，重复不具体，有明显的语法和逻辑错误。但有上进心，上课能积极举手发言（回答正确率不高），作业能按时完成。

实验二组座位安排如下：

白同学（组长）	张同学
盛同学	杜同学

（二）小组教学过程及结果

围绕教学重点"真情实感，恰如其分"，教学主题为"写一件你周围发生的事。"先想好中心思想，然后按顺序写，注意写出真情实感，遣词造句恰当。

作文课（第一课时）设计如下：

①让学生复习读写例话（记忆）

②指导学生审题（领会）

③小组成员讨论作文选材（运用）

④学生确定作文中心，列出作文提纲（运用）

⑤学生写出作文直稿（综合运用）

在教学过程中，教师在引导学生选材时，提问语文学业成低就的罗同学："你选择什么材料来写？"她先默不作声，表示无从下手。小组讨论后，再问罗同学，她才在小组同学的帮助下确定了作文材料是"在商店里发生的事"。

杜同学选择的作文材料是发生在班上的一件事，题目为《我们班的小雷锋》，经二组同学讨论后改为《雷锋在我们班上》，这样一改，作文立意更新颖。

作文草稿写好后，教师检查发现，杜同学的作文错别字多，语言啰唆，语法错误较多；王同学作文字数不足，重点部分未写具体；而张同学和白同学谋篇布局详略不当，遣词造句不准确。

作文修改课程教学目标定为：

①教给学生修改作文的方法；

②小组成员相互讨论修改作文。

在课堂上，两个小组修改认真，对王同学字数不足的作文进行了讨论、补充；对杜同学作文中明显的语法、逻辑错误做了修改；对张同学作文中的谋篇布局（文章详略）提出了修改意见。

（三）讲读课的过程及结果

以《凡卡》为例，关于中心思想的问题分层设计如下：

①凡卡在信的正文部分诉说了什么？（这是前课时已讲过的内容，属记忆内容）

②文中还插叙了哪些内容？（属记忆内容）

③这样对比来写，反衬出什么？（属分析综合的问题）

④课文最后写凡卡做梦，意味着什么？（承接上问，属稍复杂的分析综合的问题）

⑤小组讨论：本文的中心思想的要点。（属比较复杂的综合问题）

在课堂上讨论时，经过对比观察，两个小组都发表了意见，一组组长黎同学能把小组成员讨论结果综合起来，并帮助罗同学和王同学理解；二组组员盛同学未能主动帮助杜同学。在课后小组评分时，经过交流，二组组员知道他们在讨论发言时，由于协同精神不够，只获 80 分，低于一组。这之后，盛同学能够主动帮助小组其他成员。

在作业中，二组盛同学在造句时，能联系国际国内大事造句，思路开阔，如用"谴责"一词造句："违法行为受到老百姓的谴责。"作业评分时，二组获 92分，比一组高。这引起了两组同学的竞争。

（四）对小组教学的分析与讨论

1. 个案的纵向分析

随班就读学生杜同学语言表达能力不强，作业质量特别是分析综合质量不好。试验后，小组成员在完成作业时和完成作业之后，会主动帮助她，询问她有无不懂的地方，课堂讨论问题时会对她的一些错误进行纠正。因此杜同学的作业正确率有所提高，在学习中遇到不懂的问题会主动请教小组成员，她本人认为"在同伴的帮助下进步较大"。

罗同学以前上课从不举手发言，作业正确率也不高。试验后，每堂课至少能举手发言 1~2 次，作业能比较正确地完成。

王同学作业速度慢，常要老师教学后亲自督促才完成。试验后，在组员帮助下能按时完成课堂作业。

盛同学思维灵活，学习语文的能力较强，作业能正确完成，但不爱帮助同学，性格急躁。试验后，作业中能注意正确性而有自己的独创性，每次完成作业后，至少帮助杜同学一次，逐渐学会帮助关心人。

2. 讨论结果

在课堂教学中，一个教师要面对几十个学生，常使用集体教学法，看谁学得好，而教师在课堂上不可能用过多的时间对特殊学生进行辅导。教师多采用课后的个别补救法，花许多精力对这部分学生进行补救，但往往费力不讨好，效果并不明显，也加重了教师自己的负担。小组教学对上述两种教学进行综合，弥补了不足。如把小组内部的这种合作关系扩展到全班，小组成员之间相互帮助，小组之间协同与竞争，学生能较全面地发展，对班上所有的特殊学生和低成就学生的补救也不会那么吃力。这是一种比较完善的教学形式。

对课堂教学本身而言，小组教学能让学生在课堂上的参与意识增强与参与行为增加。没有小组里每个人的参与，小组的评分不会高，因此学生必须学会讨论问题与合作互助。这样就促进特殊学生和低成就学生的学习积极性，而他们对学习的畏难、害怕失败的心理会随小组成员的帮助逐渐淡化，能逐渐提升自己的能力，也有取得成功的机会。普通学生有更多的机会将各种知识重新讲解，付诸实践。同时他们也思考怎样发挥自己的力量，怎样正确而富有创见地完成作业并帮助其他同学。

当今的子女，由于家长的溺爱，难免个性强，不容人、自私，孩子之间不能和睦友好地相处。合作小组教学能延伸到课外，提供给孩子合作的时间与机会，提供更多的学生之间交往接触的机会。教师只需要给予适当的帮助和灵活公正地引导，学生就能在比较愉快的学习氛围中学会人际交往。

第三节　个别补救教学活动

个别补救教学活动是指由教师专门对某位学生所作的一对一的教学指导活动。个别补救指导活动能针对该学生存在的问题作较为细致的面对面的指导，是融合教育常采用的一种教学形式。

个别补救教学活动需注意的问题是：

①个别教学活动应有计划、有目标，同样应有教学活动设计和评量。

②个别教学活动应选择适合教学内容的、少干扰的环境。

③教具教材准备充分，放在手边备用，教师多观察、分析学生问题。

一、个别补救教学适用的情况

（一）机能性补救

学生存在机能性障碍，比如肌肉萎缩、发音器官缺陷，需物理治疗、语言治疗。这在有条件的地方一般由专业人员，比如康复医生、语言训练师定期评估、指导，教学由教师执行。在条件不具备的地方，这些工作均由教师开展，多采用一对一的教学方式。

（二）教学性补救

因教学方法有误、练习环境不良引起的学习困难，虽采用多种方法教学均无法达到目标，需通过个别教学进行。

个别教学活动通常只关心目标达成，所以大多数情况下直接针对目标进行，而不太考虑活动的趣味性。但为了目标达成，活动设计也不能够过于刻板和僵硬。如对学生发音训练，有训练舌头灵活性一项，若只频频地让学生伸、缩舌头，做舌头绕圈动作，一两次尚可，多次进行就有问题。可给学生唇部涂甜食物，练习吞食，或者让他吃坚果、长段的菜，训练舌头的搅拌动作，才易于达成目标。

二、个别补救教学活动实施策略

教师与学生之间要建立良好的相互接纳的关系。教师对学生的问题要有思考，并作教材分析，准备相应作业。

活动开始时要求学生注意力集中，教师要说明本课的工作内容，做明确的说明与示范。练习活动时学生要做反应操作，教师肯定较为正确的反应操作，修正不正确操作，反复练习、渐增要求、渐减协助。活动结束时教师应对练习作反馈。

三、个别补救教学案例

下面介绍的案例是孔酉林老师的个别补救教学活动，其针对特殊儿童在专门时段实施。

（一）教育诊断是补救教学的依据

对融合教育班级特殊学生做补救教学，首先应弄清楚该生是否需要补救？如果需要，需补救什么？要解答这些问题的方法就是进行教育诊断。

对特殊学生周同学进行了学习程度与学习态度诊断，结论是：

语文学习程度：学生遣词造句能力、阅读理解能力、写作能力存在较大问题。主要表现在三、四年级的学习明显落后，其中给文章分段、概括段意，初步理解文章内容，使用书名号、省略号均处于尚未开始发展、无法适应需要的层次。

学习态度：该生感知事物速度慢，缺乏主动性，学习迁移、思考问题有困难，因此在学习过程中接收信息量少，继续学习困难。

（二）采取补救措施

根据诊断测查的结果，针对学生内部心理结构的特点和发展的特殊需要，采取补救措施。

1. 补救计划

首先拟订一份完整的个别补救教学计划，包括 4 个方面的内容：

①教学目标；

②特殊的服务项目（补救活动内容）；

③目标达成情况；

④完成教学任务的起止时间。

补救计划中的时间安排：每周两天放学后 20 分钟左右，一个月可安排 8 次，一学期共 32 次补救活动。

第一个月目标：重点训练听、说的能力。

第二个月目标：进行句子的训练。

第三个月目标：进行阅读能力的训练，包括理解文章的意思，能分段、概括段意、归纳主要内容。

第四个月目标：进行写的训练，要求是由浅入深，循序渐进。先听一段话，能写下来；然后看简单的图，有条理地把图意写出来；最后，能把一件事有条理地叙述下来。（表 5-2）

根据每个月的补救目标，安排出每次具体活动内容，形成计划表，控制适当的教学步骤，提供变式，促进知识的正迁移。

2. 补救活动教案

补救教学过程的设计很重要。内容不宜多而杂，一次突出一个训练重点；形式不必强求趣味性，但要具有吸引儿童注意的特点。达成目标不要寄希望于一次成功，但要由浅入深，易于接受。总之，教师要给特殊学生安排一个有利于学习成功的情境。

该生在本期教材2—7课的造句练习中，用9个词语选句，只对1个，错了8个，正确率只有11%。按补救计划安排，第二个月的第一次补救活动用其中的4个词造句，采用了辅助填空，4个造句对4个，正确率达100%。

通过补救活动，该生建立了自信心。课堂上他还能积极发言、口头造句。有一次老师教《花潮》，提出用"既……又……"造句，老师说了一个范句："他既不认真听课，又不按时完成作业，真是个不爱学习的儿童。"之后让学生也来造句。他举手，说了这样一个句子："刘同学既爱学习，又爱劳动，真是个好学生。"老师不但肯定了他句子造得正确，还表扬他造的句比老师的好。因为老师只看到了刘同学的缺点，而他看到了同学的优点。听了老师的赞扬，全班同学向他投去赞许的目光。

表5-2 3—6月补救教学计划

制订人：孔酉林

月份	目标	活动	周次
三月	听清别人说的话，能通顺地口述出来。	听两三句话，能叙述出来	1
		听一段话，能叙述出来	2
		听两段话，能叙述出来	3
		听一个简单的故事，能叙述出来	4
四月	进行句子训练，能造通顺的句子，能理解简单句子的意思。	辅导课后的造句作业	5
		训练用常见的词语造句	6
		训练用关联词语造句	7
		指导理解简单句子的意思	8
五月	进行阅读能力训练，读懂文章的意思，按提示分段，概括段意，归纳主要内容。	读简短的文章，说出写的一件什么事	9
		读简短的文章按提示分段	10
		读简短的文章概括段意	11
		读简短的文章完整地归纳主要内容	12
六月	进行写的训练，能听清一段话并写下来；能看简单的图有条理地把意图写出来，能把一件事有顺序地记叙下来。	听一段话后写下来，基本通顺	13
		听两段话后写下来，通顺、错字少	14
		看一幅图把图意写出来	15
		写一件事，内容完整，语句通顺	16

（三）补救活动方案

补救活动是老师在心中有数、有充分准备的情况下进行的扑救教学措施，针对性强。学生在补救活动中集中练习　更易获得进步。对随班就读学生实施个别补救活动是每位教师需要进行的教学活动。

表5-3　补救活动方案设计1

设计者：孔酉林

教材	八册课文				
教具	小黑板				
	教学内容	教学目标	目标达成情况		
			0	1	2	3
教学过程	一、出示课后词语 　　耸立、隐隐约约、提倡、流连忘返 二、理解词语意思（用小黑板出示解释） 三、指导造句：辅助填空完成造句 　　耸立：_____耸立在_____ 　　提供：_____给我们提供了_____ 　　隐隐约约：隐隐约约地看得见_____ 　　流连忘返：_____令_____流连忘返 四、学生完成情况 　　四个词全部用对（见作业）	能正确 造句，且 句子通顺、 结构完整、 意思清楚。				
学生作业 展示	耸立：一座塔耸立在南山上。 提供：政府给我们提供了一个好的学习环境。 隐隐约约：山在大雾中看上去隐隐约约的。 流连忘返：滨江公园太好玩了，使我流连忘返。					

评量标准：0分，学生不会做，完全缺乏能力；1分，具微小能力，小部分偶尔能通过；2分，具较多能力，大部分或经常通过，但未达到需要的能力；3分，达到需要的能力，全部通过。

表 5-4　补救活动方案设计 2

设计者：孔酉林

教材	八册课文				
教具	小黑板				
教学过程	教学内容	教学目标	目标达成情况			
			0	1	2	3
教学过程	一、出示词语 　　①既……又…… 　　②不管什么……都…… 　　③在……理…… 　　④以……到…… 二、讲解这几个关联词的关系 　　①②两个关联词表示程度递进一步 　　③表示方向 三、指导造句 　　①老师先造范句 　　②学生模仿造句 四、学生完成情况	会用关联词 意思正确 句子通顺				
学生作业展示	既……又……：袁同学既爱学习又爱劳动，长大了是个有用的人。 　不管……都……：不管雨下得多大，我都要去上学。 　在……下……：在教师的带领下，我们在珊瑚坝放风筝。 　从……到……：我从家里走到了学校，用了十分钟。					

评量标准：0分，学生不会做，完全缺乏能力；1分，具微小能力，小部分偶尔能通过；2分，具较多能力，大部分或经常通过，但未达到需要的能力；3分，达到需要的能力，全部通过。

思考与实践

在一个融合教育班级针对特殊学生与班级、小组学生的需求完成以下工作：

1. 拟订集体教学活动教案并实施。

2. 拟订小组教学活动教案并实施。

3. 拟订个别补救教学活动教案并实施。

第六章

融合教育教学策略

第一节　教学理论与教学原则

一、有效教学

融合教育教学中教学策略的运用是有效教学的保障，而有效教学条件要素很多，比如尊重学生，以生为本的教学理念，热情，认真负责的教学态度，丰富的教学知识，有效组织教学、合理运用教学法等教学能力。有学者认为几乎没有证据支持对障碍类型的特定教学策略，所有学习者都能从一般教学策略中获益，即使需根据不同认知、情绪和社会能力对这些教学策略进行调整。

波特和布罗菲（Porter & Brophy）指出有效教学特征如下：

①对自己的教学目标清楚。

②有丰富的学科知识，使用适当的教学策略。

③与学生沟通对他们的期望，说明理由。

④有效利用教材，充实学科知识。

⑤了解学生，适应学生需要，关注学生的困惑。

⑥教导学生对自己认知能力的认识和分析。

⑦教导多层次认知目标。

⑧了解学生的理解程度，给予回馈。

⑨统整学科知识。

⑩接受学生的表现和问题。

⑪会反思、反省。

罗森辛和史蒂文森（Rosenshine & Stevens）认为有效教学特征如下：

- 教学：说明该课程的目标、大纲，以较小阶段或步骤教学，示范程序，提供正反例，说话清楚易懂。

- 常检查学生理解程度。

- 指导学生练习：练习次数频繁，让全班同学都有机会练习，并及时得到回馈，成功率高，练习直到熟练。

- 筛选，回馈：给过程回馈，学生正确但迟疑时给予延宕回馈，提供暗示再教学，如果学生反应错误，必要时再教一遍。

- 独立练习：开始协助，逐渐让学生独立完成。

- 复习：对学习较慢者使用较多复习，较多练习指导，较少新教材。

比格等人（Bigge、Stump、Spagna & Silberman）指出好的教学品质所应具有的重要指标是：

- 定期评量学生的学习与成就，包含形成性评量以及自我评量、同伴评量。

- 允许学生以多元方式表达自己的理解，运用多元智能观，并满足学生的个别需求。

- 确认学生能主动参与：提供互动的机会，进行合作学习或配对学习，鼓励学生问问题，避免公开批评，让学生扮演领导者的角色。

- 提供暗示、线索、协助或辅助教学：提供多元练习机会，让学生觉得有挑战性，连结学生先前认知或经验，教学时说明要明确以及有结构，能提供立即与特定的回馈。

- 准备各种不同难度、广度与类别的学习教材以配合学生个别需求：教材编选考虑多元文化、不同能力、不同兴趣、学校与社区本位。

- 加强问题解决与批判思考：训练学生后设认知能力，平衡以学生为中心以及以教师为中心的教学，具有高度结构与开放式活动，鼓励学生确知自己的思考历程与问题解决策略，提供学生将知识应用于真实情境的机会，教导学生问题解决策略。

- 提供系统性的学习机会：通过工作分析提供"整体—部分—整体"的系统教学，以满足学生的优势以及需求与兴趣，安排的课程让学生的能力得以充分发展，维持学习成果。

二、教学理论

1. 斯金纳操作学习理论

斯金纳认为提供操作性条件作用，对各种强化程序安排的效果做科学观察很有帮助。根据强化原理提出塑造和渐退方法，广泛用于心理治疗、问题儿童处理、特殊儿童教育、课堂管理等。

斯金纳的程序教学理论要求遵循以下原则：小步骤进行、呈现明显反应、及时反馈、自定学习步调。

2. 皮亚杰建构主义理论

皮亚杰提出认知发展的基本过程是同化、顺应和平衡，且把认知发展分为四个阶段：感知运动阶段、前运算阶段、具体运算阶段、形式运算阶段。他还认为儿童的智慧和道德结构同成人不一样，因而教育方法应尽量根据儿童心理结构和不同发展阶段开展，教材要适合不同年龄儿童的发展特点。

3. 布鲁纳认知结构教学理论

布鲁纳主张教学的原则是：动机原则、结构原则、程序原则、强化原则。他主张发现学习，并认为发现法有四个特征：强调学习过程、强调直觉思维、强调内在动机、强调信息提取。布鲁纳的著名论点是：任何学科都可以用某种正确的方式，教给任何年龄段的任何儿童。

4. 奥苏贝尔认知同化理论

奥苏贝尔区分了接受学习与发现学习、机械学习与有意义学习之间的关系。学习是否有意义，取决于新旧知识间是否建立了联系。同化使新知识获得意义，旧知识得到修饰而获新意义，从而产生先行组织者策略。

5. 加涅累积学习理论

加涅累积学习模式按八类学习的复杂程度排列，称为学习层次理论，即信号学习、刺激—反应学习、动作链索、言语联想、辨别学习、概念学习、规则学习、问题解决或高级规则学习。这对教学序列设计有重要意义，因而有与之相匹配的教学事件：激发动机、告知目标、指导注意、刺激回忆、提供学习指导、增强保持、促进学习迁移、提供反馈。

6. 布鲁姆目标分类与掌握学习

布鲁姆的教育目标分类包括学生学习的三个基本领域：认知、情感、动作技能。用学生外显行为陈述目标，目标有层次结构。教育目标分类超越学科内容，不受学生年龄和教学内容限制。教育目标分类是一种工具，可生成中小学各学科的教育目标。

7. 班杜拉社会学习理论

班杜拉社会学习理论把行为、个体、环境看作相互联结的系统，强调以人为研究对象，主张在自然的社会情景中，而不是在实验室研究人的行为。个体可以通过观察他人行为而习得新的反应，即称为榜样作用。模仿学习有三个基本的相互联系机制：替代过程、认知过程、自我调节。

8. 罗杰斯人本主义学习理论

人本主义心理学探讨的是完整的人，而不是把人的各个从属方面（如行为表现、认知过程、情绪障碍）割裂开来加以分析。认为只有自我发起的学习才最持久、最有创造性和独立性。罗杰斯在提到学习方法时主张建构真实的问题情境，提供学习资源、使用合约，利用社区、同伴学习、分组学习、探究训练、程序教学、自我评价等方法，允许学生有选择自由，并要对自己的选择负责任。该理论主张意义学习与非指导性教学，要点在于自我的主动性，非指导性教学既是教学理论又是教学实践。罗杰斯认为，教师在教学中的角色是"促进者"，其作用的关键不在课程、知识水平、教具，而是对学生的态度品质。

9. 赞科夫教学与发展理论

赞科夫认为一般发展不仅发展学生的智力，而且还要发展学生的情感、意志品质、性格和集体主义思想，"只有走在发展前面的教学才是好的教学"。他主张高难度教学原则，教学要不断创造最近发展区，要以高速度进行教学；主张理论知识起主导作用，使学生理解学习过程，使全班所有学生（包括学习有困难的学生）都得到一般发展等教学原则。

10. 瓦根舍因范例教学

范例教学主张学生能依靠特殊例子来掌握一般规范范例教学过程的一般顺序为：范例性阐明"个"的阶段，范例性阐明"类"的阶段，掌握规律和范畴阶段，获取世界和生活经验的阶段。这四个阶段从个别到一般，从具体到抽象，并且不断深化而用于生活。范例教学强调"将教学论分析作为备课中心"的主张为广大教师所接受。中国大百科全书称范例教学是"通过主体与客体，问题解决学习与系统学习，传授知识与培养能力的统一的教学"。

正如加涅所说"为学习设计教学"，教学设计依靠的是丰富的学习理论，如行为主义学习理论、认知学派学习理论、人本主义学习理论，都对教学设计有着重要的影响。

第二节　融合教育中常用的教学方法与策略

一、四段教学法

四段教学法认为任何一个学习者都要通过"说明""示范"来学习。比如教师指着一幅图向学生说明：这是一位小学生正扶起一位跌倒的小妹妹。然后老师做一个扶起的动作示范，学生在学习了简单的看图说话、学习了动作示范之后，便学到了帮助他人的行为。一般的儿童只要这两段的帮助就可学会，即说明—示范—自动（学会）；而有的儿童却还需加上身体的协助才能学会。也就是说还需教师用手抓住儿童的手，去扶起跌倒的学生，即要通过"说明""示范""协助"才能达到"自动"。这就称为四段教学法。

"说明"是教师给学生的口头提示或指令或解释，是听觉的刺激，听的信息输入；学生依教师的声音大、小、快、慢，声音构成的词和句子的理解进行学习，教师则通过对声音、语言的调节、交换等来调整支持程度。比如教师用快而小的声音说："请看这幅画中伸手的小学生"，但学生不能理解，他马上调整为大而慢的声音说："请看这幅画中，伸出手的小学生正在扶跌倒的小朋友"，增加了支持度，学生容易理解。

"示范"是教师自己操作某行为或教材，引起学生模仿，是视觉的刺激，学生依动作的快慢、大小，以及完整与否来理解学习。教师则通过动作的快慢、大小来调整支持程度。

"协助"是教师对学生身体协助，多数是教师手把手带着学生一起做，是触觉、本体的感觉，以协作的力气、部位来调整支持程度。

"自动"是学生不需任何视、听、触等刺激，自己完成目标要求。

教师辅导学生学习，先是口头提示；若不会，则动作示范；若仍不会，则身体协助。教师在教学活动中，找到学生对这一内容的学习处于何阶段，如某生画横线处于动作协助阶段，教师则从动作协助开始推进。

教学中每一段的协助都要依学生的能力和反应渐减协助，即从全协助到半协助，再到不协助。

以学生会自己画一条横线为例，教学协助的不同层次见表6-1。

表 6-1　教学协助的不同层次

		全协助	半协助	不协助
1	身体（协助）	教师拉着学生手腕一起画	教师只推碰一下手肘	学生会依示范或样本画
2	视觉（示范）	教师示范画横线	学生依样本蒙画，连虚线或边看教师示范边描画	听说明后便能自己画
3	听觉（说明）	说明完整动作，教师全程用口语引导	只以口语引导半程	全凭自己画

学生如果无法达到目标，就检查教学中是否是协助不当、支持不够，或是进阶过快。找到原因后，再退回上一段。教学中也不能协助过度，比如，学生只需动作示范的技能，教师就不必再去动作协助，以免造成学生学习上的依赖性，并挫伤学生学习的主动性。

四段教学法也是一种对学生学习程度和所需协助方式的诊断方法，在教学中和教育诊断时常被采用。需说明的是，在实际教学中，教师有时也不必过于刻板，拘泥于身体协助，忽视视觉或听觉说明。如在教某生画横线（学生处于身体协助阶段）时，教师可以一边抓住学生的手画，一边配上口语说明：画、画、画——停。

如某生在书写练习时，习惯于一位同学在旁边写，自己在另一边练习，以同学视觉示范，引导描画，但还需教师全程的口语引导。这就是四段教学法在具体教育对象身上的运用。

二、情景教学法

情景教学是指在日常生活、学习、工作的情景中实施教学。陶行知先生的生活教育即强调日常生活是对人生动、形象、有效的教育。人在日常情景中学到的东西最多、最真实。教育植根在生活当中才有生命力，才能促进人的成长。在融合教育诸多教学法中情景教学为首选，这既是一种教学法，也是一种教育意识。

1. 情景教学的优势

①情景中有人、事、物的组合。

②真实自然，有着鲜明、具体的形象和情节。

③情景给人暗示和模仿。情景常能形成一种气氛，置身其中的人将受到感染与暗示，因而一旦有相应的行为与情绪产生，就能自觉模仿学习。

④人每时每刻总处于一定的情景当中。情景的广泛即是生活的广泛。人的学习一旦置于情景中，从时间到空间都给人提供了一个宽广的范围，练习频率也更高。

⑤情景中常直接见到结果。在情景中学习，学生能直接看到所学行为的结果，这种实效性学习能增强学生学习的兴趣。

⑥情景触发人的学习意愿，即易接受性。人处在情景中既愿意学，也容易学，特别是生活自理方面的操作性强的活动。

2. 情景教学的特点

①自然。

②学生有主动参与性。

③易收实效。

情景教学有时可当场见效，而学生在某情景中获得的技能，往往就是此情景所需的技能，反复运用就会巩固并熟练。

情景教学适宜的活动需要长期、可持续训练的目标；需要在适当场所、时间、具体事件当中表现；是与生活密切相关的活动；与情景相适宜的一些行为培养；与认知有关目标的学习。

创设情景要求教师的目的非常明确，计划性也很强，人为去安排布置情景，以引发学生相应的心理与行动，并就此进行教育。创设情景还指在情景中创设问题，模仿情景和新颖性场景创设等。

3. 情景教学的步骤

①选择情景。

②调查所选情景。

③分析所选情景。

情景对人的要求应分析：在什么条件下、有哪些人、做什么、怎么做。

学生在该情景的需求应作生态环境分析：某生在什么条件下、与谁一起、做什么、怎么做、做得怎样等。

将两方需求对比，便能明确学生在该情景中应学习的目标。

4. 随机地利用情景教学

①教师敏锐地抓住情景。

②当场展开教学活动。

③有目标、有评量的教学。

教师创设情景需要了解学生需求及现有教学条件，并决定创设模式和程度，对真实情景做详细分析研究。

情景教育中，教师的敏锐度也是非常重要的。

三、游戏教学法

游戏教学在特殊教育中被广泛采用。许多情况下，游戏作为一种教学方法，融合在各种活动当中。

游戏教学法指运用游戏的方式，将教学目的、内容融入其中，让教师和学生通过游戏活动，进行教学。

游戏作为儿童生活的一部分，是儿童愿意参与的活动，在假想情景中反映周围生活，不具强制性社会义务，往往还伴随着愉悦情绪。

（一）游戏理论

传统的游戏理论有剩余精力说、松弛说、生活预备说、生长说、复演说、成熟说等。

心理学角度的游戏理论包括埃里克森的游戏理论、皮亚杰的认知结构论、桑代克的学习论。鲁宾斯坦认为游戏是一种经过思考的活动。艾里康宁强调游戏中儿童不但模仿，而且创造。

教育角度的游戏理论有游戏的社会性、准备性、发展性、兴趣与动机等学说。福禄贝尔认为儿童早期各种游戏是未来一切生活的胚芽。蒙台梭利从儿童自然游戏摆弄中分析出主要因素，设计了蒙台梭利教具。俄国乌申斯基认为幼年时，游戏在儿童身心发展上，比学习有更重大意义，提出现实生活是游戏内容的源泉，说明游戏的社会性。

（二）游戏的分类

游戏按教育作用分类可分为：

①角色游戏：以模仿和想象，通过角色扮演，创造性地反映周围生活的游戏。

②结构游戏：以积木、黏土、砂、泥等结构材料进行建造的游戏。

③表演游戏：依童话故事中角色、情节和语言进行创造性表演。

④体育游戏：发展基本动作为主。

⑤智力游戏：以生动有趣的游戏形式，让幼儿在自愿愉快情绪中增进智力与知识。

⑥音乐游戏：在音乐伴奏或歌曲伴唱下进行的游戏。

⑦娱乐游戏：以娱乐为主的游戏。

以上各类游戏分类，互有交叉，并非截然区分。不同学者对游戏的分类还很多，如比勒以游戏体验形式分为有机能游戏、想象游戏、接受游戏、制作游戏；帕登从儿童社会行为发展角度分为偶然行为、游戏旁观者、单独游戏、平行游戏、联合游戏、合作游戏；皮亚杰按儿童智力发展阶段分类而有实践练习游戏、感知运动游戏、角色游戏、有规则游戏；等等。

（三）融合教育中游戏教学法的操作流程

①把握发展性课程评量，如对儿童粗大动作、精细动作、生活自理、沟通、认知、社会适应等既有分领域又有整体发展状况的了解。

②对个案作一日活动、教学过程等生态化观察与评量。

③对个案做游戏行为观察记录。

④运用一些观察评量表，找到个案的游戏活动水平与能力，便于游戏活动的设计与实施。

角色游戏水平测评从以下几个方面进行：目的性、主动性、担任角色、职责、角色表现形式、角色间关系、对玩具的使用、游戏的组织能力、持续时间等。

保证游戏活动成功的条件有：教师的正确的指导、父母的积极配合、良好的班级管理、良好的户内及户外游戏环境。

四、工作分析法

工作分析法是现代行为科学在教育学科上被广泛采纳与运用的方法。

班思认为："工作分析是一个分析最后目标的过程，以决定在规定情况下要表现特定标准的学习者，须具备何种分项技能。"换句话说，工作分析指对某一技能或工作（整体的工作目标）依其顺序或构成而作的分解（分解为小阶段、小步骤、小目标），是一种化整为零、化繁为简，再化零为整，综合分析、评量工作的方法，也是一种训练方法。

工作分析法运用主要基于两种情况：一种是复杂的工作，另一种是学习者感到困难的工作。对特殊儿童而言，工作分析法应用就更广泛，因为他们面临复杂和困难的工作会更多些，如聋儿语训需很细致的工作分析。工作分析法常用于操作性强的活动，比如生活自理技能、社区使用技能等，同时也可用于基本知识传授和部分情意教育。

分析维度常依具体工作而定，主要有工作顺序分析、工作构成分析、工作水平分析。工作分析包含目标、内容、方法、过程、评量五大要素。确定工作最后目标，实际上是指对什么活动做工作分析，这在教学活动一开始就应明确。

工作目标明确了，整个工作分析才能良好进行。应注意，工作目标不能太泛、太宽，要有一定限制。"生活自理训练"作为工作分析的大目标就显得空泛，不好把握，将生活自理训练分为盥洗、如厕、衣着、整饰、饮食等目标，就显得切近、明确、易于入手。

（一）排列目标的序列

对活动进行分析，是在选择了分析维度的基础上，将最后目标分解成小目标、小步骤，并排列前后顺序。

1. 项目排列原则

①依工作本身自然构成梯次，由易到难，由简单到复杂。

②依技能形成过程的规律由基础到更高层次。

③了解学生需求及水平，决定梯次排列跨度。

一般情况下普通儿童工作分析排列跨度可大些；特殊儿童教育工作分析应该更细致、跨度小些。

2. 项目检核工作

把各项目按顺序排列之后，应对所有项目进行整体检核，可以从以下方面考虑：

①项目设置是否遵循了工作本身的逻辑顺序？

②项目排列是否按序阶、递次、因果联系、易、难、低、高排定？

③项目间有无遗漏的关键和重要的步骤？

④项目是否过于琐碎、繁杂？有无可以删除的多余项目？

⑤项目跨度是否符合学生的实际需求？

⑥各分项目与最终目标的联系是否紧密？有无整体感？

（二）叙写目标

决定了项目的排列与分布后，需要有对项目的表述，即项目叙写。

①项目叙写首先是可观察，尽量将目标以外显动作描述出来，如"跳30厘米远""说出三种动物名称"。

②项目叙写要可评量，一般能够观察的目标比较好评量。

③目标叙写应尽量能反映怎样做，比如鞋带打结训练：第一步——将叠在上面的鞋带末端绕过另一边鞋带，并穿过有洞的位置。

（三）设置评量

工作分析的内容是训练、学习的内容，也是我们对教育情况评量的内容。工作分析在进行时教师评量也在进行。为强化工作分析的评量功能，应该在每个分项目标之后设置评量栏，便于学生和教师及时、准确掌握情况。如"读的能力"中"阅读基本能力"分析评量，见表6-2。

表6-2　阅读基本能力

代　号	教学目标	评量		
1	学生能注意看图片或文字			
2	学生能分辨不同的图形			
3	学生能分辨不同的单字			
4	学生能分辨不同的词语			
5	学生能分辨不同的句子			
6	学生能从一堆字或图形中找出指定者			
7	学生能指出刚看过的字或图形			
8	学生能对特定字或图形做出联结反应			

设置评量栏的目的是在教学过程中能及时记下学生的学习情况，找到学生学习困难处，确定教学起点和内容，决定现阶段的学习目标。设置评量栏的同时，应有评量标准的拟订，便于进行评量。

（四）实施教学

实施教学前先对学生作教育诊断（按拟订的评量表），据此设计教学活动。

常用的教学法有顺序法和倒序法，又称为正向连锁法和反向连锁法。顺序法指按工作顺序，学生先做第一步，教师则完成后面步骤。学生一步一步学习，直至达到最后目标。倒序法则指教师操作前面步骤，将最后一步让儿童完成，以后递次倒着前推两步、三步，让学生完成，最后让学生独立完成全部工作。这种方法是为了给学生一个完成了全部工作的感觉，增加他们的信心。比如教师协助穿好衣服，将最后一步"拉好衣边、衣角"留给学生做，学生做了就赞扬他："衣服穿好了，真棒！"学生会认为自己在整个穿衣过程中有很成功的表现。

教学中应运用合适的教学法，在学生需要协助时给予恰当帮助。

当学生学习中遇到比较难于突破的困难时，应该寻找原因。是生理机能上的问题？还是教学法不当？或者是工作步骤排列的问题？并因此而有应对。考虑应该做个别补救教学，还是建立新的支持系统。

还可以配合口诀记住步骤。工作分析教学中，教师不断重复或让学生也学会不断用口语重复工作口诀，配合相应动作，如"摆好左右鞋，脚往里面蹬，轻轻提鞋帮"。

此外，教学过程中还应注意以下几点：

- 重难点练习与整合练习。
- 评量应伴随教学始终。
- 保持一致的教学程序。
- 可将繁杂的文字描述转化为直观的照片与图卡。

五、直接教学法[*]

直接教学法是教师应用组织精密、层次分明的教材与有效教学方法，直接预防与补救学生学业及其他技能缺失的教学模式。

直接教学法源于贝雷特和英格尔曼的学前哲学及经验，应用在特殊儿童教材编选、语文和数学教学、社会技能学习、生活技能等方面。

任何学生都能学习，只要教师给予系统的教学，选择适当教材，运用适当教学法。对于低成就学生应"多教"而不应"少教"。让学生在短时间内学得多，保持久，能将知识迁移类化到新情景之中。

（一）特点

直接教学法非常结构化，要求教师有充分准备，要有教材、范例，需有学生

---

[*] 来自向阳儿童发展中心重庆市骨干教师工作营资料

练习的设计、教材顺序的安排、教学技巧的运用等。

直接教学法一次只教一种新技能，这样学生容易成功，教师也易诊断出学生失败的原因及缺陷所在。

直接教学法强调学生在教师导引下的较为充分的练习，将密集练习与分散练习结合、集体练习与个别练习结合、教师协助与独立操作练习结合，强化了学生知识、能力的形成。同时养成学生操作、练习，特别是独立练习、工作的习惯。

（二）直接教学法课程设计

直接教学法的课程设计以教学计划与组织安排为依据，确定教学目标，以行为目标方式叙写。

1. 范例要求

教师给出的应该既有正例也有负例，范例的量要够，范围要广，以免以偏概全。

2. 教学顺序与设计

一般先易后难，先教常例再教特例，先教适用的基础技能，后教易混淆、不易辨别的，应多设计练习。

练习形态分为密集式与分散式，重点练习与系统练习、协助练习与独立练习等，在练习中均应有考虑、分布。

练习时间设计，指练习在教学过程中何时插入，各种练习的时段要预设。并安排复习时间。

练习协助指哪些练习、哪些学生、何时的练习、应有怎样形式与程度的协助。

练习环境指练习的资源准备、环境安排。

3. 教学技巧

①编组。依能力编组，成绩差、行为问题多的学生靠近老师，编组可以调整。

②多给学生反应机会，可以是齐声答，也可以是点名提问。

③进行教学的节奏要快，尽量生动、活泼。

④教师与学生应该有教学中的默契。比如教师做一个手势，学生就知道自我练习开始或结束。

⑤有系统地运用教学原理，帮助学生学习。

⑥诊断并矫正错误。找到错误并分析原因，然后适当运用矫正错误的方法。

六、合作学习

合作学习是一种利用小组分组学习以增进个人和小组其他成员学习成效的教学方法。可用来教导特定内容，强化学习认知过程，提升学业成就。

合作学习的特点如下所述：

异质分组：依学生能力、性别、社会经验背景不同配入不同小组中，相互指导、相互学习、分享不同经验。

积极互助：全小组同学甘苦共享，沉浮与共。每个学生均有两个责任，一是学习分配的材料，二是帮助同伴学会。

面对面互动：教师指导学生有效互助，交换使用资源，信赖别人也受人信赖，有效处理信息等。

评价：小组成功的界定是组内每一个人都成功，而不只是以一个人的成功来代表小组。反对只顾自己而不顾其他成员，采取"共同学习、独自表现"的方式。

在合作学习的过程中，学生不仅掌握特定的知识和技能，还学习人际交往的技巧和经历团体活动开展历程。

常用的合作学习方法包括学生小组学习法、共同学习法、团体探究法、协同合作法、复合教学法等。

资料

学习策略调查表[*]

本调查既然可用于学生自评，也可供教师、家长了解学生学习策略情况，同时提示了学习策略教学的基本内容。

学习策略调查表

班级：_____座号：_____姓名：_____性别：_____

各位同学：

这份调查表是想了解你的学习状况，它不是考试，也不会影响你在学校的成绩，所以请你依照你自己的实际情形，诚实地回答。当你看完一个题目，不需要考虑太久，即可回答。

下列题目，每题都有四种选择，请选择一个最适合你的情形的选项作为你的答案。

1.如果你的情形"非常符合"题目中所叙述的，请在同一题最左边"非常符合"的方

---

* 资料来自邱上真，2002.

格内打"√"。

2. 如果你的情形"有点符合"题目中所叙述的，请在同一题最左边"有点符合"的方格内打"√"。

3. 如果你的情形"有点不符合"题目中所叙述的，请在同一题最左边"有点不符合"的方格内打"√"。

4. 如果你的情形"非常不符合"题目中所叙述的，请在同一题最左边"非常不符合"的方格内打"√"。

	非常符合	有点符合	有点不符合	非常不符合	
1.	☐	☐	☐	☐	我认为学校的功课对我而言很有意义，值得我去学习。
2.	☐	☐	☐	☐	我宁愿做其他事，也不愿意上学。
3.	☐	☐	☐	☐	我只读我喜欢的科目。
4.	☐	☐	☐	☐	我并不喜欢学校的功课。
5.	☐	☐	☐	☐	我能适应学校的生活。
6.	☐	☐	☐	☐	我觉得目前在学校中所学的许多科目，对我而言，并没有什么用，不值得我去学习。
7.	☐	☐	☐	☐	我每天都会把老师指定的作业做完。
8.	☐	☐	☐	☐	即使是我不喜欢的科目，我还是会很认真地去学习，以便拿到好成绩。
9.	☐	☐	☐	☐	即使是枯燥无味的教材，我仍然会认真地把它念完。
10.	☐	☐	☐	☐	我会按照老师指定的进度预习功课。
11.	☐	☐	☐	☐	即使是太难的功课，我也不轻易放弃。
12.	☐	☐	☐	☐	说实在的，我觉得我是在为我的父母读书。
13.	☐	☐	☐	☐	即使老师或父母不给予我任何奖励，我还是会努力念书。
14.	☐	☐	☐	☐	我喜欢面对具有挑战性的学习环境。
15.	☐	☐	☐	☐	我会为自己设定一个比较高的学习环境。
16.	☐	☐	☐	☐	在目前学校的学习环境里，我很少有成功的机会。
17.	☐	☐	☐	☐	我认为我的功课好，是因为我的能力强。
18.	☐	☐	☐	☐	我认为我的功课好，是因为我很努力。
19.	☐	☐	☐	☐	我考试考不好，是因为考试题目太难了。
20.	☐	☐	☐	☐	我考试考不好，是因为我努力不够。

21. ☐ ☐ ☐ ☐ 我功课不好，是因为我的能力太差。

22. ☐ ☐ ☐ ☐ 我懂得如何发挥我自己的长处。

23. ☐ ☐ ☐ ☐ 我会努力去改进自己的缺点。

24. ☐ ☐ ☐ ☐ 我觉得我是一个有学习能力的人。

25. ☐ ☐ ☐ ☐ 我会为自己拟订一个读书计划。

26. ☐ ☐ ☐ ☐ 我会检查自己是否有按照拟订的计划读书。

27. ☐ ☐ ☐ ☐ 我会为自己拟订一个想要达到的目标。

28. ☐ ☐ ☐ ☐ 我有我自己的一套读书方法。

29. ☐ ☐ ☐ ☐ 我会因为科目的不同而调整我的读书方法。

30. ☐ ☐ ☐ ☐ 我会因考试方式的不同而调整我的读书方式。

31. ☐ ☐ ☐ ☐ 我实在不知道怎么样读书才好。

32. ☐ ☐ ☐ ☐ 我时常觉得我不能控制自己。

33. ☐ ☐ ☐ ☐ 我会检查我的读书方法是否有效。

34. ☐ ☐ ☐ ☐ 当我未能达到预期目标时，我会调整我的读书计划或读书方法。

35. ☐ ☐ ☐ ☐ 当预期的目标达成时，我会称赞或奖励自己。

36. ☐ ☐ ☐ ☐ 如果还有时间，我会把课文多读几遍。

37. ☐ ☐ ☐ ☐ 如果时间不够，我会把时间花在较不容易记住的教材上。

38. ☐ ☐ ☐ ☐ 读书时，我会检查一下我是否把我认为应该记住的内容记住了。

39. ☐ ☐ ☐ ☐ 当我解题解不出来时，我往往不知道我的困难是在哪里。

40. ☐ ☐ ☐ ☐ 读书时，我常常不知道到底课文中的哪个部分我看不懂。

41. ☐ ☐ ☐ ☐ 当我看不懂课文时，我知道我应该怎么办。

42. ☐ ☐ ☐ ☐ 上课时，我时常胡思乱想，不能专心听讲。

43. ☐ ☐ ☐ ☐ 上课时，我会尽量排除外界干扰，以便使自己能专心听讲。

44. ☐ ☐ ☐ ☐ 上课时要集中精神、注意听讲，对我而言很困难。

45. ☐ ☐ ☐ ☐ 我对新奇的教材较感兴趣。

46. ☐ ☐ ☐ ☐ 我会注意老师上课时所提示的重点。

47. ☐ ☐ ☐ ☐ 上课时，我时常不能依据老师指示或交代的步骤去做。

48. ☐ ☐ ☐ ☐ 我知道为什么上课时需要注意听老师讲课。

49. ☐ ☐ ☐ ☐ 我会找个适当的地方，以便能够专心读书。

50. ☐ ☐ ☐ ☐ 我觉得我读书时很容易分心。

51. ☐ ☐ ☐ ☐ 我喜欢一边读书一边看电视。

52. ☐ ☐ ☐ ☐ 我会用反复背诵的方法把教材记住。

53. ☐ ☐ ☐ ☐ 我会在纸上反复写字，以便帮助我记忆。

54. ☐ ☐ ☐ ☐　我会将书本上的重点画出来，以便帮助我记忆。

55. ☐ ☐ ☐ ☐　我会把要记忆的内容分门别类来记。

56. ☐ ☐ ☐ ☐　我会把要记住的内容，想象成一些具体的图像或图画以便记忆。

57. ☐ ☐ ☐ ☐　我会把要记忆的内容分段记。

58. ☐ ☐ ☐ ☐　我会利用谐音的方法来记忆数字、名词或英文生字。

59. ☐ ☐ ☐ ☐　我会将需要记住的新知识与我所知道的或是老师教过的知识
产生联想，以便记忆。

60. ☐ ☐ ☐ ☐　我会将课本的内容写成大纲，以便记忆。

61. ☐ ☐ ☐ ☐　我会把课文中重要的概念或关键字写在课本空白的地方，以
便帮助我记忆。

62. ☐ ☐ ☐ ☐　我会把记不住的内容，抄在纸上以便记忆。

63. ☐ ☐ ☐ ☐　我会找些实例来帮助我将重要的概念记住。

64. ☐ ☐ ☐ ☐　我会主动去找参考书籍，使我对某一概念有更多的了解而容
易记住它。

65. ☐ ☐ ☐ ☐　我会作摘要以便记忆。

66. ☐ ☐ ☐ ☐　我会利用推论或找出概念间的因果关系来帮助记忆。

67. ☐ ☐ ☐ ☐　我会利用课文中的大小标题来帮助我回想课文的内容。

68. ☐ ☐ ☐ ☐　我会利用自问自答的方法来检查我自己是否已经把该记住的
内容记住了。

69. ☐ ☐ ☐ ☐　我会将课文内容利用图解的方式，找出要点之间的关
系来帮助我记忆。

70. ☐ ☐ ☐ ☐　我会利用列表的方式整理课文内容以便记忆。

71. ☐ ☐ ☐ ☐　我会利用课本中的照片、图表、图解、地图等来帮助我记忆。

72. ☐ ☐ ☐ ☐　我会把上课时老师讲的与我过去学过的知识产生联结以帮助
学习。

73. ☐ ☐ ☐ ☐　复习功课时，我会把老师上课讲的回想一下。

74. ☐ ☐ ☐ ☐　上课时，听不懂的地方，我会举手发问。

75. ☐ ☐ ☐ ☐　我会检查自己是不是听得懂老师上课讲的内容。

76. ☐ ☐ ☐ ☐　当我拿到新课本时，我会留意课本的目录以便了解这
本书包含哪些章节。

77. ☐ ☐ ☐ ☐　我会注意整本教科书中，各章间的关联性。

78. ☐ ☐ ☐ ☐　我会注意课本中每一章或每一课课文编排的方式。

79. ☐ ☐ ☐ ☐　我会注意课文中的主要标题、次要标题以及粗体字。

80.　☐　☐　☐　☐　我会注意课本中的照片、图表、地图等所提供的信息。

81.　☐　☐　☐　☐　我会注意课文内所描述的事件，在时间上发生的先后次序或步骤。

82.　☐　☐　☐　☐　我会注意课文中所列举的各项要点。

83.　☐　☐　☐　☐　我会注意课文中所叙述的因果关系。例如：造成车祸的原因是什么？赌博会造成什么后果？

84.　☐　☐　☐　☐　我会注意课文中所叙述的概念与概念间异同的比较。例如：动物和植物有什么地方相同？什么地方不相同？

85.　☐　☐　☐　☐　我会注意课文中主要标题与次要标题间的关系。

86.　☐　☐　☐　☐　我会注意课文中所描述的人、事、物、地点、时间，以及所发生的事情与其解决的办法等内容。

87.　☐　☐　☐　☐　读书时，我会把整篇课文先浏览一遍。

88.　☐　☐　☐　☐　读书时，我会仔细阅读课文中的每个章节与段落。

89.　☐　☐　☐　☐　当阅读完一个小段落或章节时，我会先回想一下是否理解与记住阅读的内容，然后继续阅读。

90.　☐　☐　☐　☐　读书时，我会随时设计一些问题自问自答。

91.　☐　☐　☐　☐　读完课文后，我还会从头到尾再复习一遍，看看有没有还不懂或遗漏、没读到的或未记住的地方。

92.　☐　☐　☐　☐　读书时遇到不懂的地方，我会多读几遍。

93.　☐　☐　☐　☐　读书时遇到不懂的地方，我会请教别人。

94.　☐　☐　☐　☐　读书时遇到不懂的地方，我会去找参考书。

95.　☐　☐　☐　☐　读书时，我会利用图解或图表的方式来帮助理解。

96.　☐　☐　☐　☐　考试时，我会特别注意试题中的重要字眼，以便正确作答。

97.　☐　☐　☐　☐　考试时，若有剩余的时间，我会再把答案检查一遍。

98.　☐　☐　☐　☐　考试前，我会做好复习的工作。

思考与实践

1. 在自己熟悉的班级完成情境教学、游戏教学、直接教学、工作分析。各做一份完整教案，并实施。

2.带学生去当地的博物馆、公园、饭店等进行有主题、有计划的情境教学。

3.对某个案感到困难的工作(如炒蔬菜)进行分析后,结合个案进行分析调整。

4.为融合班设计以游戏为主的"情绪健康"单元教学（共四周，每周两天，各40分钟）设计。

5.请在你所在的教学班组织合作学习教学活动（依合作学习流程操作），并做本次合作学习评议与交流活动。

第七章

融合教育的评量内容

融合教育中评量被广泛运用于教育诊断，有标准化智力测验，常用的考试、测验和学科评量，生态化、动态评量等。本章主要从教学角度、教学有效性和实践中的操作着手，对标准化智力测验、考试、测验从略。

本章主要从课程评量、学科分测验、主要障碍测验、生态化评量、动态评量、个别化教育计划评量等几个方面进行介绍。为便于操作运用，选录了一些非正式测评表，用资料形式呈现。

第一节　融合教育中的课程评量

融合教育中的课程评量分为两种，一种是普通课程评量，另一种是全人成长领域式课程评量。

一、普通课程评量

这里所说的普通课程是指经调整后的普通教育课程。有关课程调整已在前面有较为详尽的介绍，在调整后的课程中增加评量功能，这是融合教育评价中的主要构成。

在融合教育中的特殊学生首先是学生中的一分子、班级中的一员，在普通班级中他们接受并适应的是以班级为单位的、以集体授课制为主的教学形式，在国家课程标准指导下，在全班共选教材环境中完成自己的学习与学业，接受普教课程评量，找到融合教育学生在各学科的教学起点、现状。教师据此拟订个别化教育及支持计划，特别强调了运用课程的编制和调整。可参照以下几点开展工作：

- 运用普教课程标准。
- 参考各年段、年级教科书。
- 学习参考资料、教学资源，进行作业练习、考试等。
- 形成课程指引下的课程目标体系。
- 拟订目标体系中能力与功能性目标的评量标准。
- 经评量确定起点目标，进行教学设计与实施，在评量目标中体现教学成效。

应用普通教学学科的通用课程调整，在前面章节已有详尽介绍，希望广大投身于融合教育的普教老师和资源教师合作，自己动手，进行各年级、各科通用课程的编制，开发普教课程的特殊学生运用功能，含教育诊断、评量功能、教学内容、个别化教学设计等。

融合教育不是将普教课程原原本本照搬，而是结合特殊学生的学习现状，将普教课程细化、整理后，给出评量标准，建立评价目标系统。

普教课程调整可依以下几点进行：

- 以普通课程标准做工作构成分析与调整。
- 依工作进入程度做普通课程调整。
- 进行双向度分层课程评量。

二、领域式课程评量

促全人发展的领域课程在我国特殊教育学校、机构使用较多，普通学校使用较少。随着融合教育的开展，特教、普教的融合，教学评价中引入领域课程评价，从全人成长角度给予关照是有必要的。

促全人成长的领域课程不以通常采用的学科教学模式，而是从健全人格培养出发，呈现系统化的整合目标，有适合学前和学龄前期的发展性课程和适于学龄期的适应性功能教育课程。领域课程弥补了学科课程过分强调学科知识的逻辑关系而忽视人的全面发展及成长、与生活脱离、知识难以致用等弊端。在融合教育学生的评量中增加领域式全人评量的角度，有其意义和必要性。

（一）领域式课程结构

1. 课程主要内容

领域式课程按学生成长不同阶段，可分为发展性课程、适应性课程、职业教育课程、生态化课程等。

依学生情况选用或自编某课程，该课程的领域和内容应是进行评量时也适用的。比如发展性课程含粗大动作、精细动作、感官知觉、认知、沟通、生活自理、社会技能，多用于学前和学龄前期儿童。适应性功能教育课程含沟通、自我照顾、居家生活、社交、使用社区、健康安全、自我引导、适应性学科、休闲娱乐、工作等。此外还有专项课程如语言发展、动作发展课程，学科课程如数学课程、语文课程，等等。

2. 教学目标

完整的课程会依课程目标、内容，按领域形成教学目标总览，按领域、技能、目标组织教学，构成清楚、完整、严密的教学目标系统。

3. 评量表

评量表会将每项技能分为四个评价标准，如0无法适应环境需要；1需特别协助；2需要重点协助；3具达到适应环境所需能力。

4. 侧面图

将测评结果画成相应侧面图，可以更直观地分析评价结果。

（二）课程评量基本流程

首先，选择适合学生的课程。

然后，进行评量。首评用一个月或半个月时间，由教师、家长做该课程各项观察、评量；中评在学期运用该课程与学生的个别化教育计划进行评量；终评在学期结束时再运用该课程及学生的个别化教育计划做评量。

再整理、分析课程评量结果。

最后，利用课程评量结果和其他教育诊断信息（如测验观察所得的学习态度、特点、学习兴趣、风格等）为学生拟订个别化教育计划。

（三）课程评量特点

了解个案的现状、教学水平和起点。课程评量将个案放在普遍意义的发展规律与内容的背景下，呈现出个性与特点，让我们了解个案的教育教学起点与水平。

生态化的课程评量。课程评量置于该生的生活活动当中，施评者可以是教师、家长、儿童本人。

连续动态性评量。课程评量并非一次性评量，始终伴随着教育教学进程而实施，有对每堂课、每日、每周、每月、半学期的阶段性评量，还有一学期的总结性评量。对同一目标还有不同环境中的评量，如在家里、在学校都针对"会自己穿衣服"做评量。

既重过程又重结果。课程评量可以给出量的结果，如：0、1、2、3等级分值，也可以有质性分析，如对评量过程的观察记录。

全面的教育介入。课程评量首评和再评之间是全面的教育介入。首评是为了拟订实施个别化教育计划，再评则是检查个别化教育计划教与学的执行情况，为后续个别化教育计划提供依据。

（四）课程评量举例

1. 课程目标组织

表 7-1　课程目标组织（部分）

代　号	教学目标	评　量			备　注
4	社交技能				
4.1	结交朋友				
4.1.1	交友的需求愿望				
4.1.1.1	认识交友意义（获得帮助，有伙伴玩起来愉快）				
4.1.1.2	产生交友愿望				
4.1.1.3	能体验交友的愉悦				
4.1.2	对别人友好态度能正确应答				
4.1.2.1	能分辨他人的友好态度（对你微笑，轻轻拍手，拉你的手）				
4.1.2.2	能用言语正确应答				
4.1.2.3	能用姿势、动作、行为正确应答				
4.1.2.4	能用表情正确应答				
4.1.2.5	以后的交往中能主动表示友好				
4.1.3	认识朋友				
4.1.3.1	能记住朋友的姓名				
4.1.3.2	能识别朋友的长相				
4.1.3.3	能分辨朋友的声音				
4.1.3.4	能了解朋友的行为特点				
4.1.4	会选择朋友				
4.1.4.1	能根据是否友善选择朋友				

代　号	教学目标	评　量			备　注
4.1.4.2	能根据爱好、兴趣选择朋友				
4.1.4.3	能根据交往多寡选择朋友				
4.1.4.4	能根据互帮程度选择朋友				
4.1.4.5	能在同学、伙伴中选择朋友				
4.1.4.6	能在教师、家长指导下选择朋友				

课程呈现项目说明（由左至右）：

课程左侧起第一列"代号"从一码至四码，分别依序表示大领域、次领域、功能性项目、行为目标。

课程第二列"教学目标"反映的分别是大领域目标、次领域目标、功能性目标、行为目标，是教育诊断、评量和教育教学的内容。

课程第三列"评量"意在将各层次教学目标针对个案作评量，这里有何时评量、怎么评量（评量等级、评量标准）、如何运用评量结果等问题，在实作中须落实。

课程第三列后留有空白栏，用于备注或情况说明。

2. 课程评量标准

"评量标准"与"课程目标大系"配套编制，课程目标大领域下有二码项，二码项下有三码项，三码项下有四码项，"标准"将课程目标中的三码项即功能性项目单独列出，为学生某项能力或技能情况作等级区分，便于准确地了解学生的实际水平和需求，提供给 IEP 的拟订、实施、修正以更可靠的信息。

评量等级标准如表 7-2 所示。

表 7-2　评量的四个等级

分类等级	标　准	指导或生活功能上的含义
0 分	学生不会做，完全缺乏能力	完全需他人照顾，动作协助也感困难
1 分	具微小能力，小部分偶尔能通过	大部分需人照顾，需直接动作协助
2 分	具较多能力，大部分或经常通过，但未达到需要的能力	偶尔需照顾，只需语言提醒
3 分	达到需要的能力，全部通过	完全不需他人照顾、提示，可独立完成工作

第二节　融合教育中的专项评量

一、针对核心需求和核心障碍的专门项目评量

特殊学生存在各种各样的障碍及困难是需要面对的现状，融合教育的实质性工作就是要针对各个学生的障碍、限制而有正确的观念，采取对策并解决问题，超越障碍，让所有学生都有进步与收获。

前面的普教分科课程调整中的特教需求评量是在普遍性共同学习当中找到特殊学生"这个"学科的需求。在促进全人成长的领域课程里的评量是找到特殊学生的全人成长中的整合性需求趋势。

在前面两类评量基础上，当特殊学生在人生某个阶段有突出的某方面或专门需求时，教师及时抓住、重点关照、有所突破，就有了集中于一个问题的针对性更强、专业性更强的专门项目，例如语言训练、写字练习、阅读练习、动作练习等专门项目。

因学生群体构成的多样化，其需求也多样化，教与学中遇到的障碍与困难也表现出多样化，本章不可能穷尽特殊学生的所有教学需求与障碍，仅从学科学习、学习态度与特点、成长发展三个角度，针对学生的困难和障碍，寻求克服困难和障碍的方法和策略。

二、学习态度与学习特点需求与障碍评量

特殊儿童学习的两个重要因素一为学习态度，二为学习特点。

（一）学习态度

学习态度指学生对学习的指向性，是学习的意愿所向，表明学生学习的需要和兴趣，是学习中"我想学""我要学"的动力体系。学习态度主导着学生在学习中的认识，知识的掌握和知识的理解等活动。学习态度在学生学习中是第一位，起主导、关键作用。

学习态度含活动量、注意力、学习动机、模仿力、自律性、听从指令、独立性、耐性、适应力、合群性、学习速度、特殊行为等。

（二）学习特点

学习特点是一个人学习时所用到的能力的状况，是很具个性的，每个人的学

习各有特征，差异性很大。

学习特点基于学生的学习历程，从认知心理学信息加工论的角度看学习是"信息输入—加工—行为输出"的过程。教师提供信息环境，帮助学生大脑对信息做有效处理，引导出学生的目标行为。

学习特质包括感官知觉能力、认知能力、语言能力、动作能力、社会情绪能力。学习特质在输入—加工—输出的学习过程当中表达。

（三）学习态度与学习特点评量举例

学生学习态度观察评量标准[*]

1. 活动量：　0. 活动量过大或过小以至影响学习

1. 只在某些情况下能改善活动量

2. 经诱导可改善活动量以配合学习

3. 活动量适中，易接受指导

2. 注意力：　0. 对任何刺激皆无动于衷，或极易分心

1. 只对有兴趣的事物表现注意力

2. 经诱导可对指定刺激表现注意力（注意看、听、操作）

3. 能主动注意指定刺激

3. 学习动机：0. 对任何事情都没有兴趣或好奇心

1. 只对少数事物有兴趣或好奇心

2. 经诱导能对指定事物表现兴趣或好奇心（模仿、探究）

3. 能表现积极、主动的学习意愿

4. 模仿力：　0. 不肯、不会或不知要模仿

1. 只能模仿少数动作

2. 经诱导能模仿指定动作

3. 肯主动模仿任何指定动作

5. 自律性：　0. 无法控制自己行为，随心所欲

1. 经强力制约才能有少数自我控制

2. 经监督或口头制约能有自我控制

3. 能主动遵守常规

---

* 资料来源：双溪启智文教基金会

				6. 听从指示：	0. 不肯听从指示

　　　　　　　　　　1. 只肯听从少数指示

　　　　　　　　　　2. 经诱导可听从指示

　　　　　　　　　　3. 能主动听从指示

				7. 独立性：	0. 过度依赖别人或不愿独自做一件事

　　　　　　　　　　1. 只对有兴趣事情能独自做一会儿

　　　　　　　　　　2. 经诱导可独自完成指定事物

　　　　　　　　　　3. 可独立完成指定事物

				8. 耐性：	0. 经常无法完成任何简单事情

　　　　　　　　　　1. 只对有兴趣的事物能持续完成

　　　　　　　　　　2. 经诱导能持续完成指定事物

　　　　　　　　　　3. 能主动完成指定事情

				9. 适应力：	0. 过于胆怯或过于活跃无法适应新环境

　　　　　　　　　　1. 经长久时间才能适应新环境

　　　　　　　　　　2. 经诱导能很快适应新环境

　　　　　　　　　　3. 自己很快适应各种环境

				10. 合群性：	0. 大多独自玩，很少与同伴互动或多为负面的互动（打

　　　　　　　　　　　人、骂人等）

　　　　　　　　　　1. 能注意同伴的活动

　　　　　　　　　　2. 经诱导可与少数人有适当互动

　　　　　　　　　　3. 在团体中能有适当的互动

				11. 学习速度：	0. 经长久练习仍学不会简单的新技能

　　　　　　　　　　1. 学习速度比同学慢（需长期反复练习）

　　　　　　　　　　2. 学习速度和同学差不多（练习几次便会 / 常符合进度）

　　　　　　　　　　3. 学习速度比同学快（一学即会 / 常超出进度）

				12. 特殊行为：	0. 有严重不良行为足以影响学习，且不易矫正

　　　　　　　　　　1. 有轻微不良行为稍会影响学习，且不易矫正

　　　　　　　　　　2. 不良行为易于矫正

　　　　　　　　　　3. 无任何足以影响学习的不良行为

请注意学习的不良行为：＿＿＿＿＿＿＿＿＿＿＿＿＿＿＿＿＿＿＿＿＿＿

＿＿＿＿＿＿＿＿＿＿＿＿＿＿＿＿＿＿＿＿＿＿＿＿＿＿＿＿＿＿＿＿＿＿

＿＿＿＿＿＿＿＿＿＿＿＿＿＿＿＿＿＿＿＿＿＿＿＿＿＿＿＿＿＿＿＿＿＿

学习特质与教学策略

学习历程	学习特质	教学策略
输入过程	学生较能接收的刺激是—— 视：动作、实物、图像、符号、文字 听：声音、音调、乐音、节奏、口语	1. 教具选择 2. 教材呈现方式 3. 学习团体 4. 指导语 5. 物理环境 6. 心理环境 7. 教学时间
中介过程	1. 学生目前的认知发展阶段为何？（动作、图像、符号表征、感觉动作、前运算、具体运算、形式运算） 2. 学生认知功能的特质为何？（记忆、联合、推理、解决问题、评鉴）	1. 教材的选择、组织 2. 教法的选择 3. 协助方式 4. 回馈方式
输出过程	学生能以何种形式表达或反应 1. 动作：全身活动、手部操作 2. 语言：口语、声音、表情、手势、手语、指图片、指文字、书写	1. 要求学生反应的方式 2. 教学目标的选择 3. 教具的选择
决策过程	1. 学生的学习态度如何？（动机、注意力、配合度） 2. 学生的适应力如何 3. 学生的情绪反应如何	1. 增强方式 2. 预估行为问题 3. 管理方式 4. 物理环境

个人基本情况

特 征	内容、项目	目的、功能
儿童的个人与家庭状况	1. 出生史 2. 发育史 3. 医疗史 4. 教育史 5. 家庭背景 6. 家人关系 7. 家庭环境 8. 教养态度 9. 家庭作息 10. 家庭资源 11. 家长能力 12. 家长期望	1. 了解病因、症状对学生学习的影响 2. 了解家庭环境对学生学习的影响

续表

特　征	内容、项目	目的、功能
生理健康状况	1. 感官（视力、听力、触觉……） 2. 中枢神经系统 3. 新陈代谢 4. 循环系统 5. 消化系统 6. 其他重大疾病	1. 了解学习如何吸收外界信息、以便以有效方式提供教材 2. 了解疾病对学习的影响及处理方式
动作功能	1. 肌肉张力、肌力 2. 骨骼 3. 体能 4. 动作发展（粗大动作）	1. 了解学习能以何种动作进行练习、反应 2. 设计可应用的辅具
认知功能	1. 认知发展（记忆、理解、综合、分析、推理、转译、创造……） 2. 认知形态（认知习惯、元认知……）	了解学生对所获信息如何理解、记忆、应用
语言功能	1. 语言发展（语言理解、语言表达） 2. 听力 3. 语言机转（呼吸、口腔功能、沟通动机、语言心理）	1. 了解学生能理解的指导语、指导形式 2. 了解学生能表达的语言形式 3. 设计可应用的辅具
社会情绪	1. 社会化发展 2. 气质与人格（注意力、活动量、坚持度……） 3. 兴趣与动机 4. 异常行为	1. 了解学生适合的学习环境（物理、心理） 2. 了解学生学习时的行为表现 3. 发现适合的增强方式

资料来源：重庆江津向阳儿童发展中心

资料

学生学习特点调查表

学生姓名_____　性别_____

（在你认为较符合该生情况的序号上画钩，必要时填写简单说明栏）

1. 学生常用的信息接受通道是：

①视觉　②听觉　③视／动　④听／动　⑤综合

简单说明_____

2. 学生目前所处的认知阶段是：

①具体物（动作、实物）　②半具体物（图示）　③抽象（符合文字）

简单说明_____

3. 学生常用的表达方式是：

①发出声音　②做手势、动作　③通过表情　④运用口语

⑤指图片　⑥指文字　⑦书写

简单说明_____

4. 学生适宜的活动形式是：

①小组　②团体　③个别　④动态　⑤静态

简单说明_____

5. 学生学习的独立性：

①强　②一般　③差

简单说明_____

资料来源：重庆师范大学儿童实验校

三、成长发展需要与成长发展障碍评量

特殊儿童成长过程中有普通发展的需求，因此有发展性、适应性、教育、生态化、阶段性与贯通性生涯课程开发与运用，服务于其全人成长。但特殊儿童全人成长中存在阶段性和关键期，因而有源于成长某一阶段、某方面的特殊需求，比如脑瘫儿童早期的动作训练，言语及语言障碍儿童早期语言训练。因此，针对某儿童发展阶段特显的需求成为课程关注，这就在促全人成长的普通课程中拓展出针对特殊需求的动作、语言等更专业化的相关评量，又称为相关服务评量。相关服务包括动作、语言、心理、社会工作、科技辅具等。

资料

动作功能评量

1. 动作功能的内涵及发展

　　1.1 基本动作（含粗大动作、纤细动作）

　　1.2 知觉动作

　　1.3 体适能

2. 动作障碍

　　2.1 功能性障碍

　　2.2 器质性的障碍

3. 动作功能的特质对学习的影响

　　3.1 输入：通过动作学习的本体感觉异常

　　3.2 通过动作表达的口语、行动困难

3.3 体能素质影响动作，运动的品质

4. 动作功能的评量

  4.1 功能性的评量

    4.1.1 粗大动作评量

    4.1.2 精细动作评量

    4.1.3 向阳中心体能测验

    4.1.4 CCDI

    4.1.5 MEPA

    4.1.6 VMI

    4.1.7 简明知觉量表

    4.1.8 瓦列特学习能力评量表

    4.1.9 弗洛斯蒂视觉测验

  4.2 器质性评量

    4.2.1 物理治疗师的临床诊断

    4.2.2 职能治疗师的临床诊断

    4.2.3 感觉统合核对量表

4.2.4 班达测验

5. 评量结果的叙写与应用

  5.1 评量结果的叙写

    5.1.1 评量项目

    5.1.2 评量结果

    5.1.3 评量结果所代表的意义

    5.1.4 评量结果预估对个案学习、生活或工作的影响

  5.2 评量结果的应用

    5.2.1 补救方面：医学补救措施、教学补救措施

    5.2.2 充实方面：教学策略

资料

语言功能评量 [*]

1. 语言功能的内涵及发展

  1.1 语言前能力

    1.1.1 发展感官知觉能力

---

* 　资料来源：向阳儿童发展中心

1.1.2 建立口功能及言语机转的发展

1.1.3 建立互动行为

1.2 语言理解的发展

1.2.1 听懂环境声音的能力

1.2.2 发展出听懂简单口语的能力

1.2.3 发展出听懂简单句子的能力

1.2.4 发展出听懂两个指令的句子的能力

1.2.5 发展出听懂叙述性语言的能力

1.2.6 发展出阅读的能力（读出图片、视觉字、句子、短文……）

1.3 语言表达的发展

1.3.1 发展出牙牙学语的能力

1.3.2 使用简单语汇表达意思

1.3.3 能将语汇组合成电报句

1.3.4 建立"主语+谓语+宾语"的句型

1.3.5 使用复合句结构

1.3.6 完成日常对话能力

1.3.7 能用画图、写字的形式表达意思

1.3.8 能用手势表达沟通意愿

1.4 沟通评量的特征

2. 语言功能障碍

2.1 发展障碍者常见的语言沟通问题

2.1.1 语言发展迟滞

2.1.2 口功能异常与言语机制受损

2.1.3 异常沟通行为或沟通互动能力不足

2.1.4 感官知觉与认知功能受限

2.1.5 语言清晰度、流利度的问题

2.1.6 不当的仿说或过度仿说

2.2 自闭症语言沟通问题

2.2.1 过度仿说

2.2.2 使用不当沟通方式

2.2.3 听指令的能力差或没建立听的习惯

2.2.4 无法解读非语言的沟通线索

2.2.5 对沟通情境理解困难

2.2.6 模仿能力不足影响语言学习

2.3 脑瘫的语言沟通问题

2.3.1 语言发展迟缓

2.3.2 声音问题：发声困难、发声时间过短

2.3.3 共鸣问题：间歇性鼻音过重或鼻音共鸣问题

2.3.4 构音问题：器质性构音障碍、功能性构音障碍

2.3.5 呼吸问题：呼吸短促或锁骨式呼吸

2.3.6 不当的面部表情

3. 语言功能的特质对学生的影响

3.1 教材输入部分

3.1.1 教师利用出示具体物 + 语汇的形式与学生沟通

3.1.2 教师利用手势 + 语汇与学生沟通

3.1.3 教师利用图片 + 语汇与学生沟通

3.1.4 教师利用电报句与学生沟通

3.1.5 教师利用陈述句与学生沟通

3.2 教材输出部分

3.2.1 学生出示具体物或图片达到沟通功能（拿出……）

3.2.2 学生用手势与人沟通（拉人、指出……）

3.2.3 学生发声音与人沟通

3.2.4 说出语汇与人沟通

3.2.5 说出句子与人沟通

3.2.6 利用画图与书写的方式与人沟通

4. 语言功能之评量

4.1 语言发展方面

    4.1.1 学前儿童活动发展量表

    4.1.2 语言治疗师的临床诊断

    4.1.3 课程评量（参考用）

4.2 听力构音器官功能方面

    4.2.1 运动言语障碍评鉴表

    4.2.2 语言治疗师的临床诊断

    4.2.3 耳鼻喉科医师的临床诊断

4.3 沟通行为方面

    4.3.1 沟通评量问卷

5. 评量结果的叙写与应用

  5.1 评量结果的叙写

    5.1.1 评量项目

      5.1.1.1 依据设计或使用的评量工具而订

    5.1.2 评量结果

      5.1.2.1 临床医学检查

      5.1.2.2 语言发展方面的评量结果分析

      5.1.2.3 沟通行为方面的评量结果分析

    5.1.3 评量结果所代表的意义

      5.1.3.1 了解个案目前的语言表达能力

      5.1.3.2 了解个案的符号接收能力（实物、图片、文字）

      5.1.3.3 了解个案理解语言的能力

      5.1.3.4 评量结果进行总结、分析、综合而得出结论，并依据评量结果订出训
           练计划。

    5.1.4 评量结果预估对个案学习、生活或工作的影响

      5.1.4.1 了建立个案使用社会可以接受的沟通方法

      5.1.4.2 训练个案在情境中使用可以与人沟通的方法

      5.1.4.3 教材选择上，选择个案可以理解的教材内容

      5.1.4.4 建立自然情景中的互动沟通机会

      5.1.4.5 建立沟通受挫时的支持系统

  5.2 评量结果的建议对策

    5.2.1 补救方面：医学补救措施／教学补救措施

      5.2.1.1 听力受损：佩戴合适的助听器

5.2.1.2 唇腭裂：用手术修补

5.2.1.3 服药控制病情，如癫痫

5.2.1.4 语言沟通训练

5.2.2 充实方面：教学策略

5.2.2.1 应用支持系统建立沟通行为，教个案现在可行的沟通方法

5.2.2.2 用"感官优势"补偿"感官劣势"，从个案能的部分做训练

5.2.2.3 环境布置

5.2.2.4 教师设置情境，引发沟通行为

四、学习中障碍评量和重要问题评量

特殊儿童多数都会在学习过程中产生障碍和困难，这是融合教育要面对的问题。

找到特殊儿童的障碍和困难类型。特殊儿童的困难和障碍有生理机制的，如感官知觉障碍、动作障碍；有认知的，如感觉、知觉、思维方面的困难；有学科上的，如语文、数学学业成就低等。

找出重要问题。特殊儿童还可表现为某一方面或几方面的突出重要问题。可就其作专门、细致、深入的评量、分析，例如自闭症儿童的社会情绪、口语沟通与表达等。

明确障碍、困难的具体状况。目的在于找到特殊儿童个体的障碍的具体表现情况，以了解学生障碍程度，提供相关服务。

思考与实践

以融合教育中某个案为对象，完成以下工作：

1. 做相关的发展性课程或适应性课程评量。

2. 做学科评量。

3. 做核心需求与核心障碍的专门项目评量。

第八章

融合教育的评量方法

第一节　生态化评量

融合教育中的评量方法多种多样，本书仅以生态化评量和动态评量为例来说明。

生态化评量是指对人与环境交互状态的评价，强调人与环境的关系，强调在活动、情境中生成的内容与目标。

一、生态化评量的特点

量身定做的个别化评量： 生态化评量是将学生置于生活环境即家庭、学校、社区，在其与环境的互动中做评量，具有高度个别化的特点且注意培养学生自我选择与自我决定的能力。

多维度的环境分析： 做评量时会从时间、空间等多维度进行。例如作某生的以时间为基点的生活分析，可以是一日活动分析、一周活动分析、常规活动分析。作该生的以空间为基点的活动分析，可以是从社区到家庭，在家庭环境里由客厅至卧室、厨房，在学校环境中有运动场、食堂、教室，还有专门的阅读、练习活动区域等。

确定个体的生态系统定位： 生态化评量力图找到学生的生活圈以及影响他们、与他们互动的诸多环境因素，呈现学生在复杂生态系统中的位置及在系统中的生活状态。

自然常态： 生态化评量在生活活动中进行，在活动中生成教学目标。

促进学生、环境共同成长： 生态化评量既为学生的教育教学提供诊断和教学服务，也会促进环境的调整和进步，同时形成支持辅助系统，尤其关注自然支持系统的运用与建构。

二、生态化评量运作流程

①确定评量主题，如执行教室常规、同学互动、社区生活、沟通情况评价等。

②分析学生在该主题下的环境，了解环境对人的要求，学生在此环境中的适应情况（是否需要改进，已具备什么，还欠缺什么），进行环境评量。

③形成针对学生的教育目标策略，拟订个别化教育计划。

④形成针对环境的调整策略（制订弹性作息表，决定教学活动，规划环境，设计执行教学，进行教学评价）。

生态化评量的形成依据是：个案的生活情况与生活环境；个案在生活中与环境的相互关系，环境对个案的要求，个案对环境的适应程度；家长、教师、学生等人的意见等。

三、生态化评量与设计

（一）评量所含项目

在做以时、空为基点的环境活动分析及其时间段的活动分析时，所评量的内容包括了"孩子与谁""何时／何地""做什么""怎么做／做得怎样"，即了解儿童个体在具体的时间、空间从事什么活动，是如何做的。要求家长、教师仔细多次观察孩子在此环境、场合下的行为后，再作文字记录，记录尽量准确、精练。把这几个栏目结合在一起了解儿童在常态环境下进行日常活动时的真实行为表现，弥补了很多评量只给等级分值、缺乏对学生本人在此环境下的行为表述和评价、对行为环境了解不足的问题。

"与同龄人比较"栏为评量栏，作用在于将儿童在一定环境中的行为表现作等级评量，参照系是同龄人，分为"好""差不多""差"三个等级，以反映孩子该行为目前在同龄人群体中的水平。

"目前做法"栏，意在了解当前的教学方法、策略。

"建议做法"栏，给出了新的教学策略的建议。

（二）评量设计建议

1. 以时间为基点的设计

以时间为基点的生态化评量是指按照一定的时间顺序，在一定的时间段内对孩子的行为进行评量。现以某生的一日活动为例进行说明。

表 8-1 日常一日例行活动调查表

孩子与谁	何时 / 何地	做什么	怎么做 / 做得怎样	与同龄人比较			若需教育请排序	说明	目前做法	建议做法
				好	差不多	差				
父母	6：30 家、卧房	起床	父母把衣服放好，正反摆正；孩子自己穿衣裤，不会系鞋带							
	洗脸间	洗脸	完全自理	√						
	厕所	如厕	大小便基本自理，大便擦不干净							
	7：20—8：20	街道	父母骑自行车送到校，孩子看见什么说什么，认识许多车			√	3	能认识常见车品牌，如大众、本田、福特		
	8：00—8：30	学校	自己进校门找到自己的座位，衣服放固定地方					能与小朋友一起玩		
	下午 4：30	回家	父母接回家，有时带去逛商场。常见啥说啥，手东莫西摸			√	1	知道买东西要给钱，在外面爱与人打招呼	用声音制止，或打他的手	请工作人员制止，让他挑选，帮大人提物，让他付款（孩子喜欢）
	6：00—6：30	回家作业	母亲做晚饭，自己一人写作业，不乱跑	√						
	6：30—7：00	晚餐	吃饭慢，不爱吃鱼、肉，不停说话						父母口头提醒或制止	饭菜有变化，父母减少说话，快吃后做他高兴的事
	7：00—9：00	客厅	打开电视但不爱看，只看广告、气象节目、武打片，玩小车，反复玩或踢球				2	父母口头说：只会玩这一种就不会玩别的？		家长与他一起玩，做汽车游戏或讲故事中玩，或玩汽车比赛等
父母	9：00—9：30	洗漱就寝	父母嘱咐，能自己洗漱、就寝	√						在游戏中应答对话

此外还可以做日常活动调查（格式同上），节假日活动调查（格式同上）。

以上表格侧重于家庭生活调查，针对学生更完整的生活，还应按以上格式做学校生活调查、社区生活调查等。

2. 以空间为基点的设计

以空间为基点的生态化评量是指对某个特定的空间中能发生的活动进行评量，以某生在客厅中的活动为例进行说明。

客厅

家庭活动的主要场所，人员交汇多、功能多、面积相对大的空间。

主要活动：接待来客，与朋友一起玩，家人、亲友聚会。

环境要求：充分表现主人的兴趣、爱好和性格，有家的温暖感，自然、自由。地面平坦、防滑，洁净、通风，有较舒适方便的座椅等。

家庭客厅往往连接大门，须给孩子防盗、防陌生人等安全教育并教给应对方法。

给孩子接待客人的机会，教他问候、打招呼的动作、语言。家长热情接待客人，让孩子学习或让孩子与家长一起接待客人。可让孩子主动请小朋友来玩。

一家人在一起除交谈、玩耍外，要有意识地让孩子关照大家，给大家分发食物，并给孩子以表扬，常与孩子一起玩，教给他更多的娱乐方式。

分析孩子在客厅的各种活动情况并决定教育顺序。

表 8-2　客厅活动情况

孩子与谁	何时/何地	做什么	怎么样/做得怎样	与同龄人比			若需教育请排序	现在做法	建议做法
				好	差不多	差			
	客厅	接待来客							
	客厅	与朋友玩							
	客厅	与家人一起							
	客厅	休闲、娱乐							
	客厅、座椅	看电视							
	客厅	整理清扫							
	客厅、大门	关开门							
	客厅	对陌生人							

四、从环境要求出发的评量与设计

生态化评量还应从环境对学兰要求角度看，例如语文教学中可以参考教师要求、家长要求来决定该门课的学习环境，结合学生需求而生成生态评价目标、内容等，见表 8-3。

表 8-3　学科学习常规评价

活动程序与内容	与同龄人比			若需教育请排序	建议做法
	好	差不多	差		
听到铃声进教室					
在自己座位上安静坐好					
拿出本门课所用书籍、练习本、文具，并摆好					
听指令起立、敬礼、坐下					
按教师指令行事（翻书页、读书、练习）					
按指令结束活动					
收拾整理桌面					
椅子归位					

五、同一活动中群体与个体相对比评价与设计

在同一活动中，进行群体行为与个体行为对比，作观察记录，可看出目标个体的同一性或差异性行为。

表 8-4　语文课程全班同学与目标儿童的差异行为

语文课	全班同学	目标儿童	建议做法
教师："请同学们翻到 25 页"	翻到 25 页	玩铅笔盒，在旁边同学口头提示下，较全班同学延迟半分钟翻到 25 页	
教师朗读课文——诗《鹅》	静听	能坐着听，手玩文具盒	
教师领一句，让学生跟读	能大声跟读	小声读第一句，鹅——鹅——鹅，第二句"曲项"未跟，只跟读"向天歌"，第三句白毛——水，四句——清波	
教师让学生齐读	大声齐读	只读鹅、鹅、鹅	

续表

语文课	全班同学	目标儿童	建议做法
教师让学生三人上台，戴鹅的头饰	两位女生自己戴上头饰	由老师帮忙戴上	
教师嘱咐学生，边做动作并念整首诗	两女生在前做鹅游水动作并发出叫声	在两女生后，能模仿游的动作，并发出嘎嘎声	
	两女生按教师指令行事	只能模仿动作，发出鹅、鹅、鹅音	

第二节　动态评量

动态评量，是相对于标准化的测评而言的。邱上真认为，所谓动态评量是指通过介绍评量内容与方式的特性，并给予必要的指导或协助，使受试者的操作水准提高的过程。而在评量过程中，所提供的协助程度与方式，是经评量者与受试者间频繁的双向互动的结果来决定的。它是一个跨越多个时间，以侦测受试者在表现上的演变的一种结合教学与诊断的评量。动态评量所欲达到的评量目的，不仅要评估受试者"目前"的表现水准，还企图了解受试者是"如何"达到目前水准以及受试者"可能"达到的水准。

一、动态评量的功能及特点

1. 诊断

动态评量的诊断主要针对学生的目前水准，有对学生解题过程，即认知方法、历程、结构、层次的诊断，更有对教育介入的系统，教师建构知识的方法、传递给学生的方式与支持策略的诊断；评量学生怎样在教师引导下回馈步骤、特点、错误及练习、修正、获得、运用知识，知识的内化建构。该过程是对学生学习结果以及教学结果的诊断。因为该评量深入、细致，所以诊断的准确度高。

2. 建议

动态评量的过程就是教育诊断过程，其结果与初评比较，经分析判断而有针对学生解决问题的中介提示系统的建构，对学生学习阶段、策略、支持协助方式、程度等有提出方式建议。这将推进学生对问题的学习与运用。

3. 教学

动态评量的特点表现在强调教育介入，它是针对教学目标、联系教学活动的评量，有"谁参与、在怎样的情况下、如何达到某一目标、达到怎样的水平（状况）"等内容，将教学与评量联系在一起。这是教学活动的设计与实施过程，反映了就教学目标，教和学双方共同协商与合作的互动过程。

动态评量的特点是：

• 尊重学生，不带歧视的个别化、人性化评量；

• 认知导向的评量；

• 支持协助性的评量。

二、动态评量的程序

动态评量模式很多，一般动态评量的程序为：前测—教育介入—后测。

动态测验在教育介入与后测间加入了迁移，整个程序为：

前测：不提供协助，为获得被试的起点，即"基线"，把握被试的"目标水准"。

教育介入：提供事前设计好的协助系统，并用平等式作业进行练习，了解被试如何达到"目前状况"及其原因。同时了解被试需要"什么"及"多少"协助，可达到较高表现水平。

迁移：提供与前面平行作业稍做变化（近迁移）以及较大变化（远迁移）的题目，测试被试真正理解的程序以及运用旧知识的能力。

后测：用来评估被试最大可能的表现。

三、动态评量的关键环节

（一）提示协助系统建构

主试对测量进行透彻分析，把握测试题特征。要建立提示、支持系统，主试首先要明确所测题目，同时需对该题目的目的及所含知识的类型、内容、结构、逻辑顺序等做认真透彻的分析。

对被试的认识水平与认识特点、先备知识等的了解，把握被试学习特质。在前测中，被试未通过某题，比如三个圆的大小比较，主试应对被试作了解，可以向其家长或教师了解情况，如果该生目前只能听从生活中的简单指令，如吃、坐、指出苹果等，则此测试题对该生不适合。在不了解该生的情况下，可以用某题作试探性测评，但应设定基本范围。尤其是中、重度智障儿童，部分自闭症儿童，施测前最好先有其他评量作依据。应尽可能了解学生的特质。

观察该年龄段不同层次水平的学生解题。欲使提示系统有效，可以观察该年龄段的学业成绩优秀和能熟练解题学生的解题过程、步骤、方法、思路，且与解题生疏的学生解该题比较，解题中的速度、敏捷性不是重要指标，主要分析思路与方法。为了了解这一过程，可让被试用"放声思考的方式"，主试笔录或录音，若被试语言有障碍，则需主试仔细观察，作好记录。

此外，还可以学习心理评量、教育评量、认知评量的相关知识与案例，综合多方信息预设提示支持系统。在综合信息的基础上，主试可着手设计提示支持系统。

（二）提示支持系统结构

提示系统结构包括评量方向、被试学习水平、评量内容、提示系统及实例。

提示支持系统结构设计原则是：

①递进化：按某问题（测试题）从难到易，由复杂至简单排列，有层次与顺序。

②结构化与心理特点结合起来：提示层次密度与提示语音、形式等，考虑知识本身结构及被试心理特点，以及被试对本知识的学习水平。

提示系统基本模式是：

①提供对错的反馈；

②提供解题逻辑；

③提供平行题目；

④提供原题目教学。

1. 提示系统实例

以前文所述三个圆比较大小为例。

请指出这三个圆哪个最小（若做对记一分）。

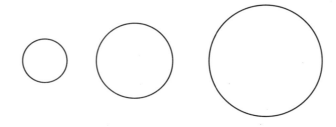

对错反馈：

提示一：你了解题意吗？本题意思是"这三个圆比较哪个最大，哪个最小"。

提示二：结合提示一，用手指三个圆。

提示三：用手指两两相比。

提示四：给同样颜色、同样材质、大小与题图相同的三个圆形图，按大小中顺序呈现，学生自己动手操作。

提示五：教师口语提示让生按大、中、小顺序排列。

提示六：引出大小关系：先拿大圆，再把中圆放大圆上，小圆放中圆上，学生操作。

提示七：按提示五、六，教师操作配口语，学生模仿。

2. 实施提示支持的特点

提示支持系统是通过教师与学生的教学活动实施的，在实施时有现场性、探索性与建构性三大特点。

现场的教学应注意环境的影响、双方的配合、教具辅具的准备与运用等问题。教师提示除按预设系统进行外，必须可时观察学生表现，根据学生现状而有灵活的对应。同时，给学生鼓励与恰当的赞扬，以形成参与、合作的基调。

教学双方的提示反馈，是一步一步的共同探索的历程，可能有配合默契、较为流畅的环节，也可能有难以跨过的障碍。

当儿童进步较小时，不能简单理解为潜能较低，而应首先检查是否提示不恰当，可尝试新途径、新方法。正是每一步的提示、反馈、探究，促成了适合儿童个体的具有活力的提示支持系统建构。

3. 提示、支持的要求

提示支持系统以具体问题为中心，递减难度、渐增协助，在协助时以问题与学生为考量，确定协助的目的、强度、频率、顺序、时间、环境、方式。支持不可不足，也不可过量。协助、支持"度"的把握是值得重视的问题。为使协助、支持有效，现场的观察、记录和活动后的综合整理均有必要。

五、动态评量结果解释

动态评量结果解释是在前测、教育介入、后测完成以后，针对前测过程与结果、提示支持中教与学的双边活动，以及后测过程与结果而作的学生的现在水准、学习起点、学习特点、学习策略，对进步状况进行的分析、判断及教学建议。

前测解释与分析建议包括以下几个部分：

- 测查现场观察、记录；
- 量表测验记录；
- 原始记录；
- 归纳整理记录；
- 各测题施测情况说明；
- 前测分析。

动态性评量解释与分析建议包括以下几方面内容：

- 分测验动态评量、分析；
- 被试基本水准；
- 测评主题；
- 被试存在主要问题；
- 动态测评的全测题整体评量与分析建议。

第三节　个别化教育计划评量

融合教育中的个别化教育计划执行一定时间后，教师需要对学生的个别化教育计划实施情况进行评量。一般情况下，会在一学期末做学期个别化教育计划的评量，也可在学期中进行评量，检查个别化教育计划的执行情况，掌握学生的学习速度、范围、深度、所达到的水平及学习的态度、特点等。教师可根据学生学习情况反思教学：检查个别化教育计划拟定是否合适，教材、教法、教学过程的选择与安排等是否有效，检查支持系统的工作情况。同时，也为下一次个别化教育计划的拟定提供依据。

一、评量步骤

- 根据短期目标的内容与性质选择合理的教学评量方式。
- 在个别化教育计划中每个短期目标后面的评量标准栏填写评量结果。

- 汇总评量结果，分析该个案本学期的学习情况，确定教学目标是否继续，
  给出下期建议。

二、评量案例

以下以前面提到的花源小学廖同学为例，展示教学一学期后，融合教育中的教学评量。

（一）评量内容一览表

领域	内容	负责教师	评量方式	评量教师	评量时间	评量地点
基本学科能力	语文	李老师	纸笔测验 实作评量 口语评量	王老师	2013.1.21	班级教室
	数学	王老师	纸笔测验 实作评量	李老师	2013.1.21	
特殊教育服务	学业补偿	李老师 臧老师 郭老师	纸笔测验 实作评量	臧老师	2013.1.21	资源室
	精细动作训练	李老师	实作评量	李老师	2013.1.22	
相关专业服务	动作训练	朱老师	实作评量	朱老师	2013.1.22	县残联

（二）评量结果一览表（以语文、数学为例）

领域		目标	评量方式	评量结果	教学决定
语文	识字与写字	认读至少80个字	实作评量、口语评量、纸笔测验	4	S
		写至少20个字	实作评量、轶事记录、纸笔测验	3	S
	阅读	在绘本和童话中勾出喜欢的词语	实作评量	4	S
		说出绘本和童话中的主角	口语评量	4	S
	写话	独立写出至少2个完整的句子	实作评量、纸笔测验	4	P
	口语交流	能够用简单的话大胆表述自己的意思	实作评量、口语评量	4	P

续表

领域		目标	评量方式	评量结果	教学决定
数学	乘除法	掌握整十、整百、整千乘一位数的口算方法	实作评量、纸笔测验	3	S
		掌握两位数乘一位数的口算方法	实作评量、纸笔测验	2	P
		掌握整十、整百、整千除以一位数的口算方法	实作评量、纸笔测验	2	P
		掌握两位数除以一位数的口算方法	实作评量、纸笔测验	2	P
		尝试用已学的乘除法知识解决简单实际问题的能力	实作评量、纸笔测验、轶事记录	2	S
	千克、克、吨	认识重量单位千克、克、吨	口语评量、纸笔测验	4	S
		能进行重量单位的简单换算	实作评量、纸笔测验	4	S
		能结合生活实际解决简单问题	实作评量、纸笔测验、轶事记录	3	S
	年、月、日	认识年、月、日	口语评量、纸笔测验	4	S
	空间与图形	会根据学习指令搭简单的立体图形	实作评量、轶事记录	4	S
		会从正面、后面、上面观察并辨认简单立体图形的形状	实作评量、口语评量	4	S
		基本掌握长方形和正方形的周长计算方法，结合具体情境，感知图形知识与实际生活的联系	实作评量、纸笔测验	3	S
	统计与概率	知道事件发生的可能性有大有小	口语评量	4	S

评量标准：0 完全未达成，1 达成25%，2 达成50%，3 达成75%，4 完全达成
教学决定：P 继续，S 更换

（三）学期总评

通过本学期评量结果可以看出，该生在本学期学习进步较大，下面以语文、数学为例呈现其本学期的学习成效：

在语文学习方面，经视觉化提示后可区辨相似字，本学期能识字100个，能书写20个简单字，可描红，放大书写格子时，可照着书写，但书写速度较慢，美观程度不够；在阅读方面，读完绘本和童话后，可描述其中一些细节，经由图片式学习或回顾绘本和童话故事内容后，可说出童话和绘本故事主角，在示范下可勾选出故事中喜欢的词语；可独立写出完整的句子，用简单的话表述自己的想法，但音量仍然较小。

在数学学习方面，可完成整十、整百、整千乘一位数的口算，两位数乘一位数的口算，整十、整百、整千除以一位数的口算；两位数除以一位数的准确率较低，运用乘除法解决实际问题的能力仍需加强；能认识重量单位千克、克、吨，并能简单换算，但在结合生活实际解决问题时仍会出现错误；能指出日历中、手机显示的年、月、日；能拼出图形，并指出图片与生活中物品的形状，多数时候可算出图形的周长，涉及情境运用时迁移与内化的能力需提高。

（四）下学期建议

在本学期的学习中，围绕廖同学的学习需求，各科教师、家长、康复人员多次沟通，相互合作，取得了较大的成果。但限于该生自身障碍，仍有需突破之处，因此，本学期给出的建议如下：

- 语文：涉及词语或课文大意理解时，多给予图片式的视觉提示；用颜色、粗细、大小标出相似字中的不同之处，以便该生辨识、记忆；书写方面，建议调大格子练习描红使其增加对书写的感觉，同时，在笔的抓握处加握笔器使笔变粗便于该生抓握。

- 数学：运用情景教学法改善其在实际问题中运用数学知识的问题。同时，将需要学习的知识点与家长沟通，以布置家庭任务的方式要求家长在生活中增加该生练习的机会。

- 该生目前运动能力有限，较少与人互动的机会，建议发展一些在家休闲时可开展的运动。

- 继续现目前安置形式，在动作训练方面，增加心肺功能活动，提高肺活量，以改善其音量问题。

• 结合其家庭物理环境与现有能力分析其目前生活自理存在的问题，必要时做环境改造，以提升其自我照顾的能力。

思考与实践

以融合教育中某一个案为对象，完成下列任务：

1. 做生态化的一日活动评量。
2. 做解题过程中的动态评量。
3. 做个别化教育计划评量。

参考文献

［1］华国栋.随班就读教学［M］.北京：华夏出版社，2000.

［2］K.S.艾伦，J.S.施瓦兹.特殊儿童的早期融合教育［M］.周念丽，苏雪云，张旭，李伟亚，译.上海：华东师范大学出版社，2005.

［3］袁振国.教育新理念［M］.北京：教育科学出版社，2002.

［4］张文京.弱智儿童个别化教育与教学［M］.重庆：重庆出版社，2005.

［5］董奇.心理与教育研究方法［M］.北京：北京师范大学出版社，2004.

［6］华国栋，彭霞光.残疾儿童测查指南［M］.北京：中国妇女出版社，2001.

［7］黄政杰，林佩璇.合作学习［M］.台北：五南图书出版公司，1996.

［8］施良方，崔允漷.教育理论：课堂教学的原理、策略与研究［M］.上海：华东师范大学出版社，2001.

［9］吴立岗.教学的原理、模式和活动［M］.南宁：广西教育出版社，1998.

［10］刘克兰.现代教学论［M］.重庆：西南师范大学出版社，1993.

［11］吴淑美.融合班的理念与实践［M］.北京：华夏出版社，2018.

［12］洪俪瑜.ADHD学生的教育与辅导［M］.台北：心理出版社，1998.

［13］Catron C，JA.学前儿童课程：一种创造性游戏模式［M］.王丽，译.北京：中国轻工业出版社，2002.

［14］陈云英，等.中国特殊教育学基础［M］.北京：教育科学出版社，2004.

［15］张文京.特殊儿童早期干预理论与实践［M］.重庆：重庆出版社，2010.

［16］张文京.特殊儿童个别化教育：理论、计划、实施［M］.2版.重庆：重

庆出版社，2020.

[17] 韦小满 . 特殊儿童心理评估［M］. 北京：华夏出版社 .2006.

[18] 丹尼尔·P. 哈拉汉，詹姆士·M. 考夫曼，佩吉·C. 普伦 . 特殊教育导论［M］.
11 版 . 北京：中国人民大学出版社 , 2010.

[19] 林宝贵 . 沟通障碍：理论与实务［M］. 台北：心理出版社 .2004.

[20] 朱楠，王雁 . 融合教育背景下特殊教育学校职能的转变［J］. 中国特殊教育，
2011（12）：3-8.

[21] 方俊明 . 融合教育与教师教育［J］. 华东师范大学学报（教育科学
版）.2006,24（3）：37-42+49.

[22] 马红英，谭和平 . 略论融合教育教师的特殊教育专业培训［J］. 现代特殊
教育 .2009（10）：18-20.

[23] 周汉斌 . 协同·调适·利导——关于融合教育的实践与思考［J］. 现代特
殊教育 ,2012（1）：52-54.

[24] 曹文兵，王金平 . 尚融尚雅，我们的文化追求［J］. 现代特殊教育 ,2012（5）：
26-27.

[25] 梁松梅 . 融合教育为学校管理带来的变革［J］. 现代特殊教育 ,2012（3）：
53-54.

[26] 刘佳芬，陆雪萍，田芳 . 随班就读有效教学的几个模式［J］现代特殊教育 ,2012
（5）：31-32.

[27] 翁细金，万荣根 . 融合教育的教师角色与使命［J］. 教育评论 ,2010（4）：
47-50.

[28] 李果，申仁洪 . 需求导向融合性师资培训探究［J］. 教育与教学究 ,2009,23
（04）：4-6+12.

[29] 邓猛，苏慧 . 融合教育在中国的嫁接与再生成：基于社会文化视角的分析［J］.
教育学报 ,2012,8（1）：83-89.

[30] 王天苗 . 运用教学支援建立融合教育的实施模式：以一公立幼稚园的经营
为例 . 特殊教育研究学刊，2000，21：27-52.

[31] 邱上真 . 学习策略教学的理论实际［J］. 特殊教育与复健学报 .1991,1：1-49.

[32] 盛永进 . 基于特殊需要的个别化教育［J］. 现代特殊教育 ,2008（6）：15-
18.

[33] 于素红 . 个别化教育计划的现实困境与发展趋势［J］. 中国特殊教育 ,2012
（03）：3-8+27.

[34] 张萍，张文京 . 融合教育中身心障碍学生的评量调整［J］. 重庆师范大学
学报（哲学社会科学版）,2011（01）：125-128.

[35] 向友余 . 中国比奈智力量表动态评量系统的建构途径探讨［J］. 重庆师范
大学学报（哲学社会科学版）,2004（2）：87-92.

[36] 邹冬梅 . 以生活为导向，有效整合培智学校教学品质之思考［J］. 现代特

殊教育,2011（1）：20-22.

［37］徐静，郑俭.沟通辅具个体化设计通用评估支持体系的建构［J］.中国康复理论与实践，2007　13〈004）：337-340.

［38］袁斌.辅助沟通论［J］.中国特殊教育,2005（12）：56-59.

［39］颜廷睿，邓猛.全纳课堂中的学习通用设计及其反思［J］中国特殊教育，2014（1）.

［40］Bernacchio C，Mullen M. Universal design for learning.Psychiatric R ehabilitation Journal，2007，31（2）：167-169.